Môj Život,
Moja Viera II

„Povstaň a svieť, Jeruzaleme! Lebo prišlo tvoje svetlo,
a sláva Hospodinova vzišla nad tebou!"
(Izaiáš 60:1)

Môj Život, Moja Viera II

Dr. Jaerock Lee

Môj Život, Moja Viera II: Druhý diel, autor: Dr. Jaerock Lee
V anglickom jazyku pod názvom My Life My Faith – 2 vydalo
vydavateľstvo Urim Books (Predstaviteľ: Kyungtae Noh)
73, Yeouidaebang Ro 22 Gil, Dongjak Gu, Soul, Kórea
www.urimbooks.com

Pri preklade biblických citátov z angličtiny do slovenčiny bol použitý
zdroj: Svätá Biblia, *Jozef Roháček*, 2007. Použité s dovolením.

V roku 2006 vydal v kórejčine The Christian Press, Soul, Kórea

Prvé vydanie - october 2013

Úprava v angličtine - Eunmi Leeová
Návrh - Redakčná kancelária Urim Books
Tlač - Yewon Printing Company
Pre viac informácií kontaktujte urimbook@hotmail.com.

Dôkaz o moci a existencii Ducha Svätého

Čas na nikoho nečaká. Boh je však trpezlivý a bude čakať až do konca, kým sa ľudstvo nezačne kajať a nebude spasené. Dnes ľudia tohoto moderného sveta v skutočnosti nepoznajú túto hlbokú Božiu lásku. Dokonca aj kresťania a pastori nasledujú trendy sveta a zabúdajú na lásku a vôľu Božiu. Prečo nie sú schopní priblížiť sa k Bohu a prečo sa čudujú tomu, že sa vzdialujú od cirkvi? Odpoveď môžeme nájsť v modernej vede.

Ľudia sa snažia vyriešiť problémy vo svojom živote prostredníctvom vedy. Záverom vedy veria väčšmi ako moci viery. Toto platí aj medzi kresťanmi. Miesto chápania a presvedčenia z viery, zvyknú dokonca i pastori veriť len tomu, čo dokážu potvrdiť svojimi vlastnými očami a prijímať len to, čo dokážu vysvetliť a pochopiť svojimi myšlienkami a názormi. Vieru prostredníctvom vedy dokonca hlásajú aj svojim veriacim. Pokúšajú sa zasadiť vieru do ľudí v súlade s cirkevnými doktrínami.

Kresťania dnešného moderného sveta sa pokúšajú pochopiť Boha a zakúsiť Jeho moc takýmto druhom viery. Viera, ktorá bola získaná cestou vštepovania mylných názorov o viere, však vedie ku kritizovaniu moci Ducha Svätého a jej zaradeniu k mysticizmu. Inými slovami, nie je to cirkev, ktorá vedie svet, ale svet, ktorý vedie cirkev.

Mnohé diela Ducha Svätého sa jednoducho považujú za mysticizmus. Ak by Božia moc nebola zjavovaná tajomne, aká by bola jej cena? Všetky Božie diela sú úžasne tajomné, a aj také musia byť. Len vtedy je Boh skutočne tým Všemohúcim a Jediným, ktorý zachraňuje ľudstvo.

Rev. Jaerock Lee si udržuje odstup od tejto takpovediac svetskej viery, miesto toho vždy zostáva v blízkosti Ducha Svätého, Syna Ježiša a Boha Otca. Cez modlitbu a Ducha Svätého nám vždy zjavuje Božie diela.

Jeho autobiografia, *Môj Život, Moja Viera I a II*, je dojímavý príbeh, ktorý nám ukazuje pravú vieru a život žitý v pravej viere. Je možné, že táto kniha poukazuje na živý dôkaz existencie

Ducha Svätého, na existenciu, na ktorú ľudia moderného sveta zabudli.

V skutočnosti viera a veda nie sú od seba oddelené. Boh stvoril všetko vo vesmíre a všetko, čo nám odhaľuje, je veda. Preto keď Rev. Jaerock Lee cez modlitbu uzdravuje chorých, rieši problémy a napĺňa ľudí inšpiráciou Ducha Svätého, je to veda, lebo táto moc pochádza od Boha. Rovnako je to aj viera.

Tieto memoáre sa každý týždeň objavovali v spravodaji *The Christian Press* a dotýkali sa sŕdc mnohých veriacich a pastorov. Všetky boli teraz zhrnuté do knihy, ktorá nám predostiera dôkaz o živej viere a dielach živého Ducha Svätého. Táto kniha zobrazuje jeho pravdivé životné príbehy, ktoré sa nás dotýkajú v ľudskom zmysle. Je to tiež príbeh jeho pastoračného pôsobenia, vrátane založenia a rastu Centrálneho kostola Manmin. Slúži preto ako dobrý sprievodca toho, čo je to pravá služba, a to rovnako pre veriacich laikov, ako aj pre pastorov.

Počul som, že táto autobiografia oslovila a ovplyvnila množstvo pastorov a veriacich. Pastori sa veľmi zaujímali o rast kostola a moc Ducha Svätého. Veriacich laikov oslovila jeho služba uzdravovania a vykonávanie diel Ducha Svätého. Je to preto, že dnešné kórejské cirkvi stratili moc Ducha Svätého. Mnohé cirkvi nie sú skutočnými živými cirkvami, pretože zavrhli moc Ducha Svätého ako mysticizmus. Duch Svätý nie je „mysticizmus". Duch Svätý je reálny a skutočný.

S určitosťou môžem povedať, že Rev. Jaerock Lee je jeden z najpravdivejších Božích služobníkov v Kórei. Mnohí sa zhodujú v tom, že si cez túto autobiografiu, *Môj Život, Moja Viera I a II*, množstvo ľudí silnejšie zamilovalo Pána Ježiša a ich slabá viera bola posilnená. Veľa pastorov tiež bude schopných porozumieť, akým druhom cirkvi je pravá cirkev a v akom druhu cirkvi je Duch Svätý aktívny.

Chcel by som tiež spomenúť, že je tu odhalený pravý príbeh a pravda o incidente pri vysielaní MBC. Jasne nám hovorí, prečo prechádzal Rev. Jaerock Lee toľkým prenasledovaním zo strany kórejských cirkví. Tieto kórejské cirkvi musia okamžite prestať so svojou kritikou a jeho prenasledovaním. Navyše požadujem, aby sa MBC (Vysielacia spoločnosť Munhwa) Centrálnemu kostolu

Manmin ospravedlnila.

Po prečítaní autobiografie Rev. Jaerocka Leeho v to úprimne dúfam. Dúfam tiež, že si túto knihu prečítajú všetci veriaci a pastori, a že to otvorí ich oči pre Ducha Svätého.

Rev. Jongman Lee

(Cirkev Metodistov, stály prezident Misijnej organizácie pre obnovenie svetového kresťanstva)

Obsah

Príhovor
Dôkaz o moci a existencii Ducha Svätého

Kapitola 1
Tak ako zem stvrdne po daždi

Kapitola 2
Koho máme počúvať?

Kapitola 3
Na čo Ježiš myslel, keď kráčal s krížom na Golgotu?

Kapitola 4
Keby som len mohol plniť Božiu vôľu

Obsah

Kapitola 5
Tak ako voda pokrýva more

Kapitola 6
Len v mene Ježiša Krista

Kapitola 7
Národy vojdu do Tvojho svetla

Kapitola 1

Tak ako zem
stvrdne po daždi

Po zasiatí semienok viery

Len niekoľko rokov po tom, čo sme sa presťahovali do svätyne v Guro Dongu, bola opäť plná. Nedokázali sme pokryť množstvo prichádzajúcich áut a ľudí.

Rýchlo sme potrebovali svätyňu rozšíriť a blízko nás sa nachádzal kus pozemku na predaj s rozlohou asi 14 000 m2. Pretože sme však stále mali hypotéku na súčasnej budove, bolo pre nás ťažké získať ho.

Keď som sa za to modlil, Boh mi odpovedal, že ho máme kúpiť. Na odkúpenie tohoto pozemku sme potrebovali 20 miliárd wonov, čo je približne 20 miliónov amerických dolárov. Pre nás však bolo ťažké pripraviť len 1 miliardu wonov, čo bola suma potrebná na podpísanie zmluvy na pozemok. My sme však boli svedkami Božích diel kedykoľvek sme Ho poslúchali, dokonca aj v zdanlivo nemožných situáciách. Aj v tomto prípade bolo to, čo sme potrebovali, viera.

Rozhodol som sa zasiať 100 miliónov wonov z 1 miliardy wonov, potrebnej na podpísanie zmluvy, ako semienko viery. Na podpísanie predzmluvnej dohody sme potrebovali 100 miliónov wonov. Boh ma vždy nesmierne požehnával, ale po utratení takejto značne veľkej sumy na milodary, misijnú a charitatívnu prácu som veru nemal moc čím disponovať. Ale čo je nemožné, keď je s nami Boh?

Keď som sa modlil za to, aby sme boli schopní pripraviť 100 miliónov wonov, Boh začal pracovať na neočakávaných miestach. Z rôznych miest začali prichádzať ľudia, ktorých som prostredníctvom svojej modlitby vyliečil, a tí, ktorým som v minulosti pomohol, a vyjadrovali mi svoju vďaku.

V auguste 1995 som bol schopný pripraviť 100 miliónov wonov, a tak sme mohli podpísať predzmluvnú dohodu. Po mojom príklade sa začali zapájať členovia od detí až po starších. V skutočnosti sme nevyhlásili nijakú zbierku milodarov na stavbu, ale Boh sám pohol každého srdcom. Členovia kostola sa dobrovoľne a s radosťou zúčastňovali prispievania na milodary.

Začali nám prichádzať milodary nie len z celej krajiny, ale tiež z iných krajín. Čoskoro sme boli schopní podpísať zmluvu. Keď sme poslúchali Božie Slovo, naše milodary sa od týždňa, čo sme podpísali zmluvu, strojnásobili.

Zjednotení v srdci

V máji 1996 boli postavené oceľové konštrukcie a začalo sa aktívne stavať. 10. júna sme mali naplánovaný začiatok Dvojtýždňového špeciálneho obrodzovacieho stretnutia. Toto stretnutie sme chceli mať už v novej svätyni, aby sme mohli pokryť väčší počet ľudí, ale na dokončenie všetkého sme potrebovali ešte pár mesiacov. Keďže si členovia boli dobre vedomí tejto situácie, ponúkli sa, že so stavbou pomôžu.

Niektorí členovia si zobrali z práce voľno, iní zase prichádzali priamo zo svojich zamestnaní. Nosili cement a piesok, ukladali tehly a obklady a maľovali steny. Spoločne pracovali stovky členov, a tak sme boli schopní svätyňu postaviť tesne pred obrodzovacím stretnutím.

Napriek tomu, že stropy ešte neboli dokončené, boli sme schopní usporiadať 4. Dvojtýždňové špeciálne obrodzovacie stretnutie v novej svätyni. Bol to výsledok toho, že sme kráčali vo viere! Prvý deň obrodenia bol veľmi pôsobivý.

Boh nám dal 15 posolstiev a hlavná pasáž bola z Jána 3:6. Séria mala názov „Telo a duch". Boh nám dal toto slovo života, aby členovia vedeli rozlišovať medzi telom a duchom. Bolo to na vyhnanie telesného človeka a zmenu v človeka ducha. Udialo sa tu aj mnoho zázrakov uzdravenia na slávu Bohu.

Kostol založený v Japonsku cez požehnanie počatia

Keď vidím chorých ľudí, často sa modlím: „Bože! Dovoľ mi zobrať bolesť tohto veriaceho/veriacej a uzdraviť ho/ju."

Pretože som prešiel extrémnou bolesťou chorôb, cítim bolesť chorých ľudí hlboko vo svojom srdci. Ak by to bolo možné, naozaj by som chcel byť chorý namiesto nich. Rovnaké je to, keď nejakí veriaci páchajú hriechy. Skutočne by som radšej dobrovoľne obetoval svoj život, ak by im len Boh dal ducha kajúcnosti, a mohli by byť spasení.

„Bože! Ak by prestali hrešiť, keď vezmeš môj život, prosím urob tak teraz. Daj, aby všetci z nich boli spasení."

Mojžiš chcel aby bol izraelský ľud spasený, aj keby to malo znamenať, že by jeho meno bolo vymazané z knihy života a on by upadol do pekla (2. Mojžišova 32:32).

Apoštol Pavol vyznal svoju lásku hovoriac, že chcel, aby boli jeho ľudia spasení, aj keby to znamenalo, že by bol zatratený a oddelený od Krista. Chcel som mať takýto druh duchovnej lásky. Ak by členovia kostola mohli získať život cez moju obetu, obetoval by som sa.

Na obrodzovacom stretnutí, ktoré sme poriadali po postavení novej svätyne, sa zaregistrovalo viac ako tisíc chorých ľudí. Každý deň sme mali špeciálne stretnutia pre chorých a ja som sa modlil za každého z nich. Keď som sa za nich modlil celou svojou silou viac ako dve hodiny, bol už takmer čas na večerné zhromaždenie.

Verím tomu, že Boh odpovedal na moje úprimné volanie v modlitbe a každý deň sa diali ohnivé diela Ducha Svätého.

Bola to namáhavá dvojtýždňová práca, ale keď som sa modlil za vyliečenie každého chorého, dúfajúc v Božiu milosť, nevyliečiteľné a vzácne ochorenia boli vyliečené. Rakovinové bunky boli spálené a vyliečili sa rakoviny pľúc, maternice a hrtana. Telá stuhnuté mozgovou obrnou sa začali hýbať.

Na tomto stretnutí sa zúčastnil aj Jekyoo Ju, generálny tajomník Federácie kórejských obyvateľov v Japonsku, prefekt Yamagata a jeho žena. Znovu zažili Boží zázrak, rovnako ako rok predtým. Ešte pred tým, ako pár prišiel na toto miesto, mali takýto príbeh.

V máji 1995 dostala žena diakona Jua uprostred noci vysoké teploty a mala silné bolesti hlavy. Deň na to musel diakon Ju ísť na služobnú cestu do Kórey. Zobral so sebou aj svoju ženu, ktorú v Soule vyšetrili. Diagnóza znela „cholesteatoma tympanitis". Lekár navrhol okamžitú operáciu.

Mohla úplne stratiť sluch a ochorenie sa mohlo dokonca

Rodina Juovcov

vyvinúť do meningitídy. Tympanitídou trpela už od základnej školy. Mávala výtok z ucha a vždy brávala lieky.

Na naliehanie svojej matky sa zúčastnila rannej nedeľnej bohoslužby v našom kostole a prijala moju modlitbu. Neskôr svedčila, že po tom, čo prijala moju modlitbu, pocítila v celom tele sviežosť, ako chladivú mätu, a jej bolesť odišla. Odvtedy výtok z ucha úplne zmizol. Taktiež už nemala bolesti hlavy ani iné komplikácie.

Začiatkom nasledujúceho dňa sa spolu so svojím manželom zúčastnila obrodzovacieho stretnutia. V slzách oľutovali svoje hriechy. Bol im tiež daný duchovný dar jazykov. V júni 1995 sa vrátila do Japonska úplne uzdravená zo svojej cholesteatoma tympanitis skrze Božiu milosť. Boli naplnení Duchom Svätým vzdávajúc vďaky za Božiu milosť.

Keď sa vrátila, pocítila, že sa s jej telom deje niečo čudné. Keď šla asi o tri týždne neskôr do nemocnice na prehliadku, zistila, že bola tehotná. Od ich svadby v roku 1991 podstúpila tiež operáciu srdca a lekár jej povedal, že bude pre ňu ťažké otehotnieť. Ak by aj otehotnela, bolo by to nebezpečné.

Bol to piaty rok ich manželstva a len osem mesiacov po operácii srdca. Boli si však istí, že to bolo požehnanie od Boha, ktorý vyliečil aj jej nevyliečiteľné ochorenie. V marci 1996 sa narodil ich prvý syn Shiyoung. Ich radosť však netrvala dlho, lebo chlapček mal ochorenie nazývané kreténizmus.

Bolo to zmrzačujúce ochorenie, ktoré znemožňovalo vytváranie hormónov, a tak mohol rásť len za pomoci hormonálnych liekov. Ak by nebral hormonálne lieky, jeho spodná časť tela by vôbec nerástla a jeho hlava by sa zväčšovala do znetvorujúcich tvarov. Toto ochorenie ho dokonca mohlo stáť život.

V máji 1996 obetoval tento pár zasvätenú modlitbu za vyliečenie svojho syna Shiyounga. Na ďalší rok prišli do Kórey znovu, aby sa zúčastnili obrodzovacieho stretnutia. Boli dotknutí posolstvami a boli si tiež istí že sa ich syn vyliečil. Prestali Shiyoungovi podávať lieky a ponechali všetko v Božích rukách. Keď sa vrátili späť do Japonska, Shiyoung bol zdravý a rástol normálne. Po niekoľkých mesiacoch mu v nemocnici spravili kontrolu a zistili, že jeho hladiny hormónov boli normálne.

Tento pár bol plný milosti Božej. Nikdy sa neprestávali modliť a hlásať evanjelium. V júli 1997 sa v ich dome zišlo šesť ľudí a slúžili tam prvú bohoslužbu. Odvtedy sa počet ľudí zvyšoval, a tak nás požiadali, aby sme im tam založili misiu. V septembri 1999 sme teda touto úlohou poverili pastora Kangsupa Janga z nášho kostola. V súčasnosti majú veľký kostol v Yamagate a vykonávajú krásnu službu. Manželom Juovcom sa narodil ešte jeden syn a dcéra a dnes majú zdravú a šťastnú rodinu.

Rozširovanie zámorskej misie

Moje meno sa postupne stávalo známym vo Washingtone D. C. a každý rok som bol pozývaný kázať do Spojených štátov. Vo februári 1996 som odišiel kázať na Spojenú kórejskú výpravu a Konferenciu pastorov, ktorú organizovalo Združenie havajsko-kórejských kresťanských cirkví. Toto stretnutie sa konalo v kórejskom baptistickom kostole v Honolulu pod názvom „Obnov nás".

Keďže prvý kórejský prezident Syngman Rhee v minulosti na Havaji založil cirkevné spoločenstvo, myslel som, že budú mať horlivú vieru. Keď som tam však prišiel, zistil som, že tam nebolo veľa kostolov a bolo tam tiež mnoho problémov. Dozvedel som sa, že veľa kostolov bolo zatvorených, kvôli hádkam medzi pastormi a členmi kostola.

Na čele Združenia havajsko-kórejských kresťanských cirkví bol biskup John Park z anglikánskej cirkvi. Bol to básnik a zdalo sa, že mal tichú povahu. Už od prvého zhromaždenia sa mu dostalo veľa milosti.

Zmeny v rozhádanej cirkvi

Tri dni som kázal posolstvá s názvom „Prečo je Ježiš naším Spasiteľom", „Telesná viera a duchovná viera" a „Večný život jedením tela a pitím krvi Syna človeka".

Počul som, že členovia kostola spočiatku namietali voči využitiu ich kostola na toto stretnutie. Po skončení prvého zhromaždenia však zostalo mnoho veriacich oslovených a ich

Spojená výprava na Havaji

všeobecný postoj sa zmenil. Hostili nás dobrým jedlom a inými cennými vecami.

Po skončení celého zhromaždenia jeden z pastorov kostola priznal so slzami: „Tento kostol má takýto problém, lebo som bol arogantný. Je to všetko moja vina." Keď pastor zobral vinu na seba a zmenil sa, zmenili sa tiež aj členovia kostola. Veril som, že Boh vyrieši všetky problémy kostola a ďakoval som mu.

V tomto čase sa tiež konali dve zhromaždenia na Konferencii pastorov. Snažil som sa zasadiť do pastorov sebadôveru, uistiť ich, že sú schopní. Po konferencii vyznal jeden starší pastor so slzami: „Nie je to chyba mojich veriacich. Je to moja chyba. Je to preto, že som bol hriešny."

Veľká evenjelizačná kampaň vo Washingtone

Jeden pastor povedal: „Nemal som kam ísť a myslel som si, že proste zomriem. Dostal som však milosť a silu a teraz si verím. Teraz to dokážem." Iný pastor povedal: „Veril som v sám seba ako duchovného učiteľa, ale teraz sa začnem učiť opäť od začiatku." Bolo to dojímavé vyznanie vychádzajúce z pokory.

Po skončení stretnutia som sa s pastormi rozlúčil. Biskup John Park povedal: „Doteraz som počul len o apoštoloch spred 2 000 rokov, ale teraz vidím apoštola skrze vás." Veľa pastorov prišlo na letisko v slzách vyjadriť svoj pocit straty z toho, že ma museli poslať späť domov. Dotklo sa to aj môjho srdca.

Ten, čo bol vyliečený vo sne

Od 26. do 28. septembra 1997 poriadalo Washingtonské kresťanské rádio „Veľkú evanjelizačnú kampaň" v kostole v štáte Virginia, so všeobecným titulom „Pane, obnov Washington a Baltimore".

Tohoto stretnutia sa zúčastnilo mnoho Kórejčanov žijúcich v Spojených štátoch, prichádzajúcich z Washingtonu D.C., Marylandu, Virginie, New York City a dokonca tiež z Toronta, Kanady. Kázal som posolstvá s názvom „Prečo je Ježiš naším Spasiteľom?", „Telesná viera a duchovná viera" a „Večný život jedením tela a pitím krvi Syna človeka".

Na Konferencii pastorov, ktorá sa konala počas obrodenia, som kázal na tému „Tajomstvo rastu cirkvi". Prišlo mnoho pastorov z rôznych cirkví.

Na ďalší deň, 29. septembra, poriadalo Združenie marylandských kórejských cirkví v Baltimorsko-kórejskom zjednotenom presbyteriánskom kostole Spojenú kórejsko-americkú výpravu. Tohto obrodenia sa zúčastnili nie len

Kórejčania, ale tiež okolo 1 500 miestnych „Nekórejčanov", ktorý z neho spravili festival na zjednotenie rôznych národov.

Vyskytli sa tu však nejaké prekážky pripravené nepriateľom diablom, aby ma v kázaní na tomto stretnutí zastavili. Stretnutie sa malo konať v kostole určitého pastora. Prihodilo sa tu však nedorozumenie, po tom, čo o mne započul reči, čo ma niekto ohováral. Následkom toho ma ako kazateľa odmietol. Nechcel ani, aby bol jeho kostol použitý na účel stretnutia.

Boh však odohnal tieto prekážky Satana cez sen, ktorý sa pastorovi prisnil. Trápilo ho chronické ochorenie chrbtice a mal v nej viac ako desať kovových svoriek. Mal veľké bolesti chrbta.

Pred týmto stretnutím sa mu však prisnil sen, v ktorom som mu podal aspirín. Po tom, čo sa zobudil, jeho bolesť bola preč. Na jeho veľké prekvapenie bol zázračne uzdravený. Neskôr povedal: „Je to Božia vôľa, aby sa toto stretnutie uskutočnilo. Rev. Jaerock Lee nie je obyčajným človekom. Je to služobník, cez ktorého pracuje Boh."

Presvedčil aj iných pastorov a úspešne pripravil obrodzovacie stretnutie.

Obrodenie sa konalo podľa plánu v pastorovom prekrásnom kostole postaveného z cédra. Keď ma videl, zostal veľmi prekvapený, lebo som vyzeral presne tak isto, ako osoba, ktorú videl vo svojom sne. Veľmi vrúcne nás privítal.

Ten deň som kázal posolstvo s názvom „Nech sme v Pánovi jedno". Pretrvával tu problém medzi Kórejčanmi a Afroameričanmi, ktorý sa dal vyriešiť len v Pánovi. Povzbudzoval som ich, aby prekonali bariéru rasy Pánovou láskou.

Tento akt prispenia k miestnemu rozvoju a zmierneniu napätia medzi rasami ocenil aj štát Maryland. Guvernér štátu Maryland mi udelil plaketu uznania a od primátora Baltimoru som tiež dostal certifikát čestného občianstva. Všetko toto bola milosť Božia.

Duchovne smädní argentínski pastori

V roku 1996 som od 21. do 23. júla kázal na Konferencii pastorov a obrodzovacom stretnutí pre Kórejčanov v Buenos Aires na tému „Tajomstvo rastu cirkvi". Toto podujatie podporilo množstvo argentínskych kresťanských organizácií.

Na konferencii sa zúčastnilo viac ako tisíc pastorov a mnohých moje slovo oslovilo. Na ich žiadosť sa rovnaký druh konferencie konal opäť na ďalší rok.

Druhá Konferencia pastorov a obrodenie sa konalo v Národnej univerzite Matansa, v Buenos Aires, od 15. do 16. októbra. Organizátori očakávali okolo 300 pastorov,, v skutočnosti ich však prišlo viac ako tisíc, a tak sme sa museli presunúť do iných priestorov, v ich najväčšom kostole.

Túžba a smäd pastorov boli také veľké, že sme v konferencii pokračovali až do tretej hodiny, preskočiac obed. Pastori chceli počúvať posolstvá tak veľmi, že som nemohol skončiť, kým som im nesľúbil, že v budúcnosti usporiadame ešte ďalšiu konferenciu. Druhej Konferencie pastorov a obrodzovacieho stretnutia sa zúčastnilo dokopy 8 000 ľudí.

Vtedajší kórejský veľvyslanec pre Argentínu sa tiež zúčastnil stretnutia a povedal: „Ďakujem Rev. Jaerockovi Leemu za to, že priniesol do Argentíny horlivú vieru kórejských kostolov, ktorá rozhlasuje evanjelium." Vysoko toto obrodenie ocenil a povedal, že bolo veľkým diplomatickým prínosom z občianskeho sektoru.

Na tomto obrodení sa tiež prostredníctvom ohnivej práce Ducha Svätého uzdravilo mnoho ľudí. Jedným z nich bol

Konferencia pastorov v Argentíne (1996)

Zasvätenie kostola s primátorom Barellom

Výprava v Argentíne

aj pastor Eduard Lecio, prezident Asociácie argentínskych kresťanských cirkví. Ten sa uzdravil z rakoviny kože a chronických žalúdočných problémov a vzdával Bohu slávu.

Životy sa obracajú zo zúfalstva do nádeje

Každému sa v živote pritrafia dobré aj ťažké chvíle. Ak však človeka postihne nevyliečiteľná choroba, alebo o svojom ochorení zistí príliš neskoro na to, aby sa dalo vyliečiť medicínou, upadne do zúfalstva. Láska Božia však nalomenú trstinu nedolomí a tlejúci knôt neuhasí. Vo Svojej láske vždy zjavuje zázraky tým, ktorí kráčajú s vierou.

Trojkilogramová hrča zmizla

Diakonka Soonshim Kangová začala navštevovať Kostol Manmin v Yeosu. V júni 1997 si našla hrčku veľkú ako vajce. Keď sa ráno zobudila, mala opuchnuté telo a v podbrušku cítila ťažobu. Ťažko sa jej tiež chodilo a rýchlo sa zadýchala.

14. júna jej v nemocnici v Čollaname stanovili diagnózu. Našli jej veľkú hrču vážiacu 3 kg, nádor s názvom myóm maternice.

Bolo to konečné štádium rakoviny maternice. Lekár povedal, že nádor mal okolo seba viac ako desať malých koreňov, a tak aj keby ho vybrali, choroba by bola nevyliečiteľná a smrteľná.

Chodiť mohla, len ak jej niekto pomáhal. Keď si ľahla, jej žalúdok sa nevtiahol, ale skôr vytŕčal kvôli hrude. Miesto podstúpenia beznádejnej operácie prosila Boha o milosť a prijala modlitbu za chorých nahranú na automatickom hlasovom systéme.

Pretože videla a počula o Božích dielach, keď navštevovala Kostol Manmin v Yeosu, verila, že ak sa bude spoliehať na Boha, môže sa vyliečiť.

Dva roky predtým, v máji 1995, diakonka Soonshim Kangová priniesla evanjelium svojej tete, Eumjeon Kimovej, a spoločne sa zúčastnili tretieho obrodzovacieho stretnutia. Tejto staršej pani odstránili z chrbta dve chrupavky. Jej chrbát bol ohnutý do 90 stupňového uhla a posledných 10 rokov nebola schopná poriadne chodiť.

Napriek tomu, že na jej chrbát nebolo žiadneho lieku, po prijatí len jednej modlitby na obrodzovacom stretnutí sa jej narovnal. Odvtedy chodila Eumjeon Kimová pohodlne a vzpriamene s vystretým chrbtom.

25. júna 1997 sa diakonka Kangová dopočula, že budem viesť obrodzovacie stretnutie pri príležitosti zasvätenia novej svätyne v ulsanskom Kostole Manmin. Prišla teda tam. Verila, že sa môže vyliečiť, ak príjme moju modlitbu. Boh ju vyliečil, pretože verila.

Keď prijala modlitbu, začal na ňu pôsobiť oheň Ducha Svätého. Odvtedy už viac v podbrušku necítila hrču a všetky jej symptómy zmizli. Po mesiaci šla do nemocnice a jej lekár bol veľmi prekvapený.

„Kedy ste mali operáciu na odstránenie nádoru?"

„Nemala som žiadnu operáciu. Vyliečila ma modlitba od pastora. Boh ma vyliečil."

Úplne sa uzdravila a stala sa oddanou Pánovou pracovníčkou.

Uzdravenie z otravy agrochemikáliami

Na bohoslužbe pri príležitosti zasvätenia novej svätyne v Kostole Manmin v Ulsane sa zúčastnila Okja Kimová v nemocničnom oblečení. Mala takýto príbeh.

Vydala sa, keď mala 18 rokov a na živobytie si zarábali farmárčením. Prihodila sa jej nehoda, po ktorej nemohla mať deti, a tak žila každý deň s pocitom viny.

Mala veľa rodinných problémov a 17. júna 1997 sa zaplietla do hádky s členmi svojej rodiny. Na ich prekvapenie vypila celú fľašu agrochemikálie s názvom „Gramoxone". Zobrali ju do nemocnice.

Lekár povedal, že je to veľmi silný jed, ktorý môže spôsobiť smrť len keď sa dotkne pier. Protilátka neexistovala, a tak nemala žiť dlhšie ako pätnásť dní. Lekár povedal jej rodine, nech sa pripravia na pohreb. Jej mladší brat, ktorý chodil do nášho kostola, jej však kázal evanjelium a dal jej počúvať kazety s kázňami o „Posolstve kríža". Zariadil tiež, aby mohla prijať modlitbu za chorých cez automatický hlasový systém.

Pastor a členovia Kostola Manmin v Kwangdžu sa o ňu starali s láskou a zasadili do nej vieru. Nadobudla túžbu žiť a 25. júna prišla do Kostola Manmin v Ulsane. Keď prijala moju modlitbu, začala sa veľmi potiť.

Cestou späť do Kwangdžu, po skončení obrodzovacieho stretnutia, sa potila tak, že si premočila šaty. Cítila veľkú horúčavu a pretrvávala i bolesť. Neskôr zistila, že to bolo preto, lebo z jej tela vychádzal jed z agrochemikálie. Bol to moment, keď oheň Ducha Svätého spaľoval jed.

Ráno na to sa udial zázrak. Jej bolesť bola preč a cítila sa dobre. Cítila tiež pokoj v duši. Lekári boli prekvapení a vykonali dôkladnú prehliadku. Jej poškodený pažerák, rozložená pečeň a pľúca a všetky ostatné časti jej tela sa uzdravili a vyzerali normálne.

Navyše, keď pila agrochemikáliu, prskla jej kvapka na ľavé oko

Okja Kimová bola uzdravená z otravy a po 21 rokoch manželstva porodila svoje prvé dieťa

a jej ľavá očná buľva bola takmer preč. Mala stratiť zrak, alebo mať vážne problémy s videním, ale pár dní po tom, čo prijala modlitbu, bolo jej oko zdravé a jej zrak bol tiež normálny.

V novembri 1997 prišla spolu s členmi Kostola Manmin v Kwangdžu do Soulu, aby sa zúčastnila piatkovej celonočnej bohoslužby, kde opätovne prijala moju modlitbu. Po mesiaci pocítila, že sa s jej telom deje niečo čudné. Zašla teda na kontrolu do nemocnice. Bola tehotná! V minulosti kvôli svojmu telu nemohla mať dieťa. Vďaka Božiemu požehnaniu však po dvadsaťjeden rokoch manželstva otehotnela.

Kvôli tomu, že nemohla mať dieťa, mala zlomené srdce a prešla toľkými ťažkými situáciami. Keď sa jej však dotkol Boh, bola v momente uzdravená. Porodila syna a teraz žije šťastným životom.

Duch Svätý pracuje cez modlitbu nahratú na telefónnom hlasovom systéme

Diela všemohúceho Boha sa diali dokonca cez neživé veci ako sú prístroje. Ilgon Cho ponúkol kostolu telefonický automatický hlasový systém (ARS), na ktorom bola nahratá modlitba za chorých.

Keď začal chodiť do nášho kostola, jeho dcéra sa uzdravila z tympanitídy a on sám sa uzdravil z chronickej kožnej choroby. Boh cez túto modlitbu nahratú na telefonickom ARS preukázal mnohé silné diela Ducha Svätého.

Toto sa stalo v rodine Dalyonga Leeho v roku 1996. Jeho sestra Boksoon Leeová strážila svojho dvojmesačného synovca Jungtaeka. Do úst bábätka sa dostalo veľké hrozno, ktoré prehltol a zaseklo sa mu v hrdle. Jeho tvár zmodrela a začal sa dusiť a strácať vedomie.

Hrozno zablokovalo dýchacie cesty. Boksoon Leeová a matka dieťaťa ho zobrali do miestnej nemocnice. Hrozno uviazlo v pravom pľúcnom laloku a nazbierala sa mu tam tiež krv. Ľavý pľúcny lalok sa zväčšil, čo smrteľne ohrozovalo mozog.

Na pohotovosti bábätko strácalo zaostrenie a jeho sietnica začala vysychať. Kyslíková maska mu nedokázala pomôcť dýchať. Dávali mu elektrické šoky, ale jeho srdce bilo len slabo. Zakrátko mu každých 30 minút prestávalo biť.

Keď otec povedal lekárovi, že bábätko prevezie do inej nemocnice, spočiatku nesúhlasil. Vysvetlil mu, že ak by aj bábätko prežilo, bolo by mentálne zaostalé alebo zmrzačené,

Dalyong Lee a jeho syn Jungtaek boli oživení Božou milosťou (1996)

Jungtaek je dnes zdravým chlapcom.

pretože jeho mozog bol už poškodený. Lekár povedal otcovi, aby dieťatku zbytočne nepridával ťažkosti a trápenie.

Nejako však bábätko bolo prijaté do Zdravotného centra Samsung, v stave, v ktorom by nemocnica nebola zodpovedná za jeho život. Kvôli dehydratácii museli začať intravenóznu infúziu, nemohli však nájsť žilu. Lekár povedal, že bábätko bolo príliš malé, aby ho mohli operovať a malo malú nádej na prežitie.

V tom čase Dalyong Lee ani jeho žena neboli veriaci. Na návrh jeho sestry Boksoon Leeovej však prijali modlitbu nahratú na telefonickom ARS. Boksoon Leeová sa za bábätko modlila a tri dni sa postila. Aj Dalyong Lee sa 3 dni postil a každý deň prijímal modlitbu cez telefonický ARS. Na to sa bábätko začalo uzdravovať.

Približne na konci trojdňového pôstu bolo prevezené z pohotovosti na normálne oddelenie. Do týždňa sa bábätko, ktoré predtým umieralo, úplne uzdravilo. Aj keby prežilo, malo mať určité následky na mozgu, jeho mozog bol však v poriadku. Zmizli dokonca aj semienka hrozna v pľúcach. Boh ich roztopil ohňom Ducha Svätého. Lekári boli zmätení.

Cez túto skúsenosť Dalyong Lee a jeho žena uverili v lásku a všemohúcu moc Boha. Prijali Pána a stali sa kresťanmi. Ich syn Jungtaek vyrastá ako dobré dieťa a dostáva sa mu lásky tak v kostole, ako aj v škole.

Cez satelitné vysielanie

Naše bohoslužby sa vysielajú po Kórei prostredníctvom satelitu. Práve cez tento satelit sa odohrávajú diela Ducha Svätého v našich filiálnych kostoloch. V júli 1998 sa Eunkyeong Shinová uzdravila zo svojho ochorenia, keď prvýkrát prišla do

Kostola Manmin v Masane.

Eunkyeongina matka sa jej raz spýtala: „Eunkyeong, bola som na bohoslužbe v masanskom Kostole Manmin a cítila som pokoj. Nechcela by si ísť so mnou?"

Eunkyeong bola v tedy v ôsmej triede. Bola prekvapená, keď ju jej neveriaca matka nabádala, aby s ňou šla do kostola. Začala teda navštevovať Kostol Manmin v Masane. Už od 3. triedy trpela neurózou, nemala silu ani chuť do jedla, trápila ju gastritída a bolesti hlavy. Ťažko sa jej študovalo.

Keď prišla do štvrtej triedy, vyvinuli sa u nej z ničoho nič ťažkosti s dýchaním. Keď sa bila do pŕs, odpadla a zobrali ju do nemocnice. Po nástupe na strednú školu dostala pásový opar. Celé telo ju svrbelo a pichalo. Kvôli silným bolestiam hlavy nemohla spávať. Cítila sa, akoby jej mala vybuchnúť hlava.

Bola taká chudá, že vyzerala len ako kosť a koža. Brala lieky, ale liečba nešla ľahko. Aj členovia jej rodiny sa trápili. Už od veľmi mladého veku chodila do kostola, ale nemala pravú vieru. Vždy ju trápili bolesti, a tak nemala v živote nádej.

12. júla 1998 sa zúčastnila satelitnej nedeľnej bohoslužby v Kostole Manmin v Masane. Po kázni nasledovala modlitba za chorých, a tak si položila ruky na chorú časť tela a prijala modlitbu. V tom momente ju Boh vyliečil zo všetkých jej ochorení ohňom Ducha Svätého.

Všetky bolesti ihneď zmizli. Odvtedy už nikdy nebrala nijaké lieky. Žije zdravý život a spieva v našom kostole ako sólistka.

Kázeň o malom rozpočte pred IMF

2. novembra 1997 som na rannej nedeľnej bohoslužbe oznámil, že som zariadil bezplatné autobusové kupóny, ktoré boli dostupné na recepcii kostola. Mohol ich použiť hocikto, kto sa chcel dostať do kostola.

V tom čase pojem IMF, čo je skratka pre Medzinárodný menový fond, nebol medzi Kórejčanmi veľmi známy. Ani ja som ho nepoznal, ale pretože mi Boh zjavil, že kórejská ekonomika bude v ťažkej situácii, pripravil som náklady na cestovné pre tých členov, ktorí boli v ťažkej finančnej situácii.

Než prešiel jeden mesiac, kórejská tlač začala hovoriť o ére IMF v Kórei. 21. novembra 1997 bola krajina vo finančnej kríze. Vláda požiadala o pôžičku z IMF a kórejská ekonomika sa ocitla v zmätku. Veľa spoločností zbankrotovalo a množstvo ľudí stratilo prácu a ocitlo sa na ulici.

Aj ja som sa snažil okresať svoj rozpočet. Požiadal som svoju rodinu, aby sa uskromnili s maximálne tromi prílohami okrem ryže. [1] Požiadal som ich tiež, aby obmedzili počet návštev trhoviska. Bolo jasné, že najprv som si musel utiahnuť svoj vlastný opasok, keďže členovia kostola prechádzali ťažkým finančným obdobím.

Bolo to dlho pred tým, než som sa dozvedel o prichádzajúcej hospodárskej kríze. V decembri 1995 mi dal Boh vedieť, že v Kórei vypukne hospodárska kríza a povedal mi, aby sme okresali svoj rozpočet.

28. januára 1996 som teda na nábožnej bohoslužbe pre pracovníkov kostola kázal o „Požehnaniach v úspornosti". Oznámil som kostolu, aby zredukovali svoj rozpočet vo všetkých oblastiach. Nič zo mzdy alebo rozpočtu na pastoračné aktivity kostola som neutratil. Obetoval som ich naspäť Bohu, tak, ako mi boli dané.

Keď tí, čo sa uzdravili a dostali milosť cez moju modlitbu, prišli vyjadriť svoju vďaku, prijal som milodary a predložil ich Bohu na charitatívnu a misionársku prácu.

Boh mi dal nesmierne finančné požehnanie, je však mojím zvykom ušetriť každú penny. Môže poslúžiť na pomoc čo i len jednému ďalšiemu človeku v núdzi a prispieť k misionárskej práci.

Ani náš kostol nebol vo veľmi dobrej finančnej situácii, napriek tomu sme však pomáhali iným kostolom, ktoré čelili problémom, predovšetkým tým vo vidieckych oblastiach, bez rozdielu na vierovyznanie. Kostol sa tiež snažil ako vedel v oblasti charitatívnej práce a štipendií, aby nikto z členov kostola nehladoval, a aby nebolo študenta, ktorý by nemohol ísť do školy kvôli školnému.

---

[1] Bežné kórejské jedlo pozostáva z niekoľkých menších „príloh". (Pozn. prekladateľky)

Pätnáste výročie kostola

12. októbra 1997 prišlo veľa ľudí osláviť 15. výročie nášho kostola. Mali sme vtedy špeciálneho hosťa. Staršia Heeho Leeová, žena Kima Tä-džunga, predsedu Strany zhromaždenia ľudí novej politiky a člena rady Ázijsko-pacifickej mierovej nadácie, nás navštívila, aby s nami oslávila naše výročie.

Plynutím rokov sme sa museli zapájať do vždy väčšieho počtu misijných prác, organizovaných rôznymi úniami kórejských kostolov a dostávali sme čoraz viac žiadostí o podporu. Naše tímy aplikovaného umenia mali preto tiež veľa práce. 5. februára 1998 som bol pozvaný kázať na pôstny modlitebný vrch Osanri. 19. mája som sa ako riadiaci predseda Výboru pre evanjelizáciu súdnych žalobcov zúčastnil podujatia „Hnutie za školy bez násilia".

Náš orchester Nissi sa medzi kresťanskou verejnosťou stával dobre známym a vystupoval na mnohých podujatiach.

Hrali na konferencii „Prekonajme národnú krízu modlitbou",

Staršia Heeho Leeová, bývalá prvá dáma Kórey, na 15. výročí kostola

ktorá sa konala na Hlavnom olympijskom štadióne Jamsil, na „Charitatívnom koncerte pre ľudí v núdzi", na „Koncerte chvál", poriadanom Výborom pre evanjelizáciu súdnych žalobcov, na Pätnástom hudobnom festivale osláv Veľkej noci, poriadanom stanicou CBS (Kresťanská vysielacia stanica), na Štyridsiatom štvrtom výročí CBS a Vízii CBS Hnutia dvadsiatehoprvého storočia. Vystupovali tiež na mnohých iných predstaveniach po krajine.

Moje kázne boli 980 minút týždenne vysielané na FEBC (Vysielacia spoločnosť ďalekého východu) a na CBS (Kresťanská

„Hnutie za školy bez násilia"

Inauguračná bohoslužba Misie Svetového pohára 2002

Orchester Nissi na rôznych kresťanských podujatiach

vysielacia stanica). Vysielali sa aj v iných krajinách, vrátane Spojených štátov, Ruska, Kanady a Austrálie.

V auguste 1998 sme z nášho kostola spustili živé internetové vysielanie. Aj cez toto vysielanie sa odohralo mnoho zázrakov uzdravenia. Od decembra 1996 začali miestne svätyne v Kórei simultánne prijímať satelitné vysielanie bohoslužieb.

Boh chce pšenicu

Rozširovanie nášho misionárskeho pôsobenia je dôležité, ale centrom našej pastoračnej služby je snaha premeniť veriacich na pšenicu, ako sa píše v Matúšovi 3:12. Hovorí: *„ Ten, [...] ktorý má svoju vejačku vo svojej ruke a prečistí svoje humno a shromaždí svoju pšenicu do sypárne, ale plevy bude páliť neuhasiteľným ohňom."*

Boh chce, aby sa jeho deti stali pravou pšenicou, a preto až do dnešného dňa ľudí kultivuje. Kresťania by mali byť schopní rozlíšiť, či sú pravou pšenicou, ktorá miluje Boha a žije podľa jeho Slova, alebo plevy, ktoré milujú svet a ustupujú mu vo svojich túžbach tela, túžbach očí a vystatovačnej pýche tohoto života.

Pšenica získa večný život a pôjde do neba, plevy však budú hodené do pekelného ohňa, kde budú navždy trpieť. Ak pôjdeme do neba, budeme mať tiež rôzne príbytky a slávu, v závislosti od našej viery a skutkov. O tomto fakte nám Biblia hovorí na mnohých miestach.

Apoštol Pavol v 1. Korinťanom, kapitole 15, napísal o vzkriesení toto: „*Iná je sláva slnca, iná sláva mesiaca a iná sláva hviezd, lebo hviezda od hviezdy je rozdielna v sláve*" (1. Korinťanom 15:41). Podľa toho, čo sme vykonali na zemi, získame slávu slnka, slávu mesiaca alebo slávu hviezd.

Milovať Boha

V Jánovi 14:15 Ježiš hovorí: „*Ak ma milujete, ostríhajte moje prikázania.*" Ostríhať Jeho prikázania znamená robiť to, čo nám Boh káže, aby sme robili a nie to, čo nám káže, aby sme nerobili, zbaviť sa toho, čoho sa nám káže zbaviť a dodržiavať Jeho zákon.

V Prísloviach 8:13 sa hovorí, že bázeň pred Hospodinom znamená nenávidieť zlo a 1. Tesaloničanom 5:22 hovorí, že tí, ktorí skutočne milujú Boha, sa budú vystríhať všetkých foriem zla.

Ak žijeme v svetle a podľa Božieho slova, môžeme mať srdce Pána a stať sa ľuďmi ducha. Navyše, ak budeme verní vo všetkom Bohu a budeme rásť v celosti ducha, môžeme získať oprávnenie vstúpiť do nového Jeruzalema.

Keď som bol malým chlapcom, moja matka chodievala na trh, nesúc na hlave ťažký náklad. Najbližší trh bol vzdialený 12 km, dokopy to teda bolo 24 km tam aj späť. Keď som mal 5 alebo 6 rokov, vždy som na trh chodil s ňou.

Musel som kráčať od skorého rána do neskorého večera, nedal som však poznať, ako ma hrozne boleli nohy, pretože som bol radšej so svojou matkou, ako by som mal sám zostať doma. Na trhu sa toho dalo vidieť veľa, to, čo ma však upútalo úplne najviac, bol predajca sladkostí.

Zbiehali sa mi sliny len keď som tie veľké sladkosti videl.

Doma sme ako sladkosť dostávali len sladké zemiaky a kukuricu. Ale ani tých nebolo veľa. Moja matka nemohla prehliadnuť moju túžbu po sladkosti.

Zvykla sa ma spýtať: „Jaerock, dal by si si nejaké sladkosti?"

A chystala sa vybrať z vrecka 1 won. V tej chvíli som ju potiahol za ruku a povedal: „Mama, nechcem nič. Poďme rýchlo domov."

Za 1 won sme mohli kúpiť veľa sladkostí. Moja matka však chodila peši toľkú vzdialenosť, len aby ušetrila na cestovnom za autobus. Jeden won bol pre ňu naozaj veľa peňazí. Pretože som to vedel, snažil som sa potlačiť svoju chuť na sladkosti.

Snažil som sa, ako som vedel, aby som nespôsoboval svojim rodičom žiadne ťažkosti a snažil som sa ich potešovať. Od vtedy, čo som stretol Boha, Otca môjho ducha, mojou jedinou túžbou je potešovať ho.

Ak mám v sebe zlo, ktoré Boh nenávidí, ako Ho to len musí zarmucovať! Takéto zlo som nemohol prijať. Začal som vyháňať zlo zo svojho srdca pôstom a modlitbami.

Rozdział 2

Koho máme
počúvať?

Boh zjavil, čo sa má stať

Od novoročnej bohoslužby v roku 1998 som neprestajne plakal. Často som pri kázni za kazateľnicou ronil slzy. Toto trvalo jeden rok. Pretože mi Boh dal vedieť, že náš kostol čakajú skúšky a objavia sa takí, čo ma zo sebeckých dôvodov zradia, musel som sa modliť v smútku.

Boh mi povedal že cez tri skúšky vytrhá burinu a oddelí pšenicu od pliev. Bolo v Božej prozreteľnosti uskutočniť svetovú misiu a postaviť Veľkú svätyňu prostredníctvom Jeho posvätených detí.

V máji 1998, po skončení obrodzovacieho stretnutia, mi Boh ukázal víziu Veľkej svätyne, ktorá bude v Božej prozreteľnosti postavená na konci časov. Ukázal mi tiež scénu hneď po vychvátení. Videl som veľké množstvo ľudí, ktorí sa zúčastnili bohoslužby vo Veľkej svätyni. V jednom momente sa otvoril strop v tvare kríža a mnohí veriaci boli vychvátení do povetria.

Telá tých, čo boli vychvátení, sa zmenili na duchovné telá v bielom plátne.

Videl som však aj tých, čo neboli vychvátení, ale ponechaní na zemi. Keď zistili, že neboli vychvátení, ocitli sa vo veľkom zúfalstve. Niektorí zo sklamania odpadli. Iní žialili a udierali do zeme.

Medzi tými, čo neboli vychvátení, boli vedúci pastori a pracovníci, ktorí pracovali spolu so mnou. Ja som pravdaže vedel, prečo sa to takto stalo. Mysleli si, že sú veriaci, ale v Božích očiach neboli pšenicou ale plevami.

Tí, čo boli ponechaní na zemi, si trhali srdce a kajali sa, ale dvere spásy boli už zatvorené. Zišli sa vo Veľkej svätyni, aby sa modlili a chválili Boha. Duch Svätý bol už však vzatý do neba, a tak viac nemohli prijať milosť Božiu. Bol to svet zla, ovládaný diablom a Duch Svätý im viac nemohol pomôcť.

Svadobná hostina v nebi, súženie na zemi

Veriaci, ktorí sú ako pšenica, budú vychvátení do povetria, stretnú sa s Pánom a zúčastnia sa sedemročnej svadobnej hostiny v nebi. Budú sa mať ako vo sne. Medzitým na zemi zavládne sedemročné veľké súženie. Počas tohto obdobia, ako sa píše v knihe Zjavenia, vypukne Tretia svetová vojna. Silnejšie národy použijú svoje zbrane masového ničenia a nukleárne zbrane. Zem bude čeliť súženiu, ktoré dovtedy nezažila.

Veľkú svätyňu, ktorú náš kostol postavil, prevzala skupina zla a bola používaná ako miesto mučenia. Niektorí možno prežijú pohromu Tretej svetovej vojny, ale po tom, čo sa objaví Antikrist, nebudú viac schopní pokračovať vo svojich životoch bez toho, aby prijali znak 666. Je to preto, že zakáže akúkoľvek kúpu alebo predaj bez znaku na čele alebo na pravej ruke (Zjavenie sv. Jána 13:16-18).

Znamenie 666 je to isté ako lístok do pekla a tí, čo o tom budú vedieť, utečú do hôr, aby sa vyhli prijatiu tohoto znaku. Budú ich však prenasledovať a chytia ich. Ak odmietnu prijať znak 666, budú ich mučiť.

Boh mi ukázal scény z týchto mučení. Mučiace zariadenie bolo naozaj strašné a vyrobené dômyselnou technológiou. Niektorí počas mučenia poprú Pána Ježiša a príjmu znak 666. Budú vedieť, že nemôžu byť spasení, ak poprú Pána Ježiša a príjmu znak 666, nebudú však schopní prekonať utrpenie mučenia.

Len si predstavte, že by vaše drahé deti alebo rodičia boli vystavení nepredstaviteľne hroznému mučeniu. Je nesmierne ťažké prekonať bolesť a stať sa mučeníkom. Tým, ktorí toto mučenie prekonajú a stanú sa mučeníkmi, bude dané zahanbujúce „paberkové spasenie".

Držiac sa Boha v žiali a slzách

Jedna žena „H" vykonávala v mojom kostole pastoračnú činnosť. Boh jej dal mnoho príležitostí kajať sa a obrátiť sa, ale nestalo sa tak. Boh jej dal veľmi cenný dar a Svoju milosť, ona sa však stala arogantnou. Spáchala hriechy a spôsobila kostolu ťažkosti. Až do konca sa nezbavila svojich sebeckých pohnútok. Boh nakoniec od nej odvrátil Svoju tvár.

Od toho okamihu jej boli posielané diela Satana. Myslela si, že ak by zničila mňa, mohla by kontrolovať celý kostol. S niekoľkými ďalšími ľuďmi z kostola vymyslela plán. Poskytla

niekoľko falošných správ vysielacej stanici a podviedla mnoho ľudí.

Nakoniec očiernila a opustila kostol. Vo vízii som videl, že bola ponechaná v sedemročnom veľkom súžení a mučili ju. Šokovalo ma to natoľko, že som začal žialiť, lebo som videl ľudí, ktorí neboli vychvátení, ale ponechaní na zemi.

Modlil som sa: „Otče, Bože, ani jeden by nemal ostať na zemi. Najmä tí, ktorí učia iných, vedúci pastori a pracovníci kostolov by nikdy nemali zostať na zemi a byť uvrhnutí do sedemročného veľkého súženia. Dovoľ im prosím Ťa, aby oľutovali a obrátili sa, a aby získali spasenie."

Nezvykol som plakať pre hocijaké maličkosti, ale odkedy som videl túto scénu, plakal som pomerne často. Keď som sa šiel modliť na vrch, pridŕžal som sa Boha v slzách, prosiac Ho, aby ich neopustil.

Duchovná ríša otvorená

Od 4. do 14. mája roku 1998 sa konalo 6. Dvojtýždňové špeciálne obrodzovacie stretnutie s názvom „Boh je svetlo". Väčšina členov kostola sa naň pripravila pôstom a modlitbami. Po skončení obrodenia sa mnohým z nich otvorili duchovné oči a boli celí naplnení Božou milosťou.

Ak Boha milujeme, modlíme sa neprestajne. Budeme chcieť počuť Jeho hlas a túžiť vidieť duchovnú ríšu. Tak, ako chceme vidieť a rozprávať sa s našimi milovanými každý deň, ak milujeme Boha Otca, budeme Ho vždy chcieť vidieť a počuť Jeho hlas.

Boh videl členov nášho kostola, ako sa snažia žiť život Slova a život vo svetle. Vylial na nich Svoju milosť a mnohí z nich boli schopní vidieť duchovnú ríšu. Okrem toho sa udialo veľa vecí, cez ktoré mohli priamo zažiť Božie diela. V Jakubovi 1:17 o tom čítame: *„Každé dobré danie a každý dokonalý dar sostupuje s hora od Otca svetiel, u ktorého nieto zmeny, alebo nejakého obratu zatônenia."*

V Skutkoch, kapitole 3, dal Peter chromému, aby sa postavil. Keď Peter a Ján kázali o zmŕtvychvstaní Pána Ježiša, 5 000 mužov prijalo Pána Ježiša len za jeden deň. Funkcionári, starší a zákonníci, ktorým sa nepáčila dobrá zvesť zmŕtvychvstania, zavolali apoštolov a vyhrážali sa im, aby prestali šíriť evanjelium. V Skutkoch 4:18-20 sa píše: *„A zavolajúc ich prikázali im, aby viac vôbec nehovorili ani neučili v mene Ježišovom. Ale Peter a Ján im odpovedali a riekli: Rozsúďte sami, či je to spravedlivé pred Bohom, aby sme vás poslúchali viac ako Boha. Lebo my nemôžeme nehovoriť o tom, čo sme videli a počuli.“*

Keby sa apoštoli báli hlásať evanjelium len kvôli prenasledovaniu a utrpeniu, napriek tomu, že vedeli, že je to vôľa Božia, kresťanstvo by sa vôbec nerozšírilo.

Vďaka námahe apoštolov, ktorí horlivo milovali Boha a nebáli sa smrti, dnešné kresťanstvo rozkvitá a prináša ovocie.

Nemohli sme poprieť, čo sme videli a počuli

Tí, ktorých duchovné oči sa otvorili, videli Pána, prorokov a anjelov. Počuli dokonca duchovné hlasy. Naplnení Božou milosťou po zhliadnutí duchovnej ríše o nej hovorili aj iným. Napriek tomu, že hovorili len to, čo videli, bolo prirodzené, že keď slovo putovalo od človeka človeku, niečo sa k tomu pridalo a niečo vynechalo.

Hovoriť o tom je v poriadku, avšak keď pridali svoje vlastné myšlienky k tomu, čo videli, neschopní rozlíšiť, čo povedať a čo nie, spôsobilo to problémy. Nemohol som však členov kostola zastaviť, zo strachu pred vedľajšími účinkami. Musel som to prijať, aby som im umožnil mať väčšiu nádej v nebo a postúpiť do hlbšej duchovnej úrovne, stanoviac si nový Jeruzalem ako konečný cieľ.

V júni 1998 som pracovníkom nášho kostola povedal toto: „Pretože členovia kostola vidia duchovnú ríšu, zavrhnú ma ako kacíra. Príde veľká skúška. Pretože je však vôľou Božou, aby sme videli duchovnú ríšu, nemám inú možnosť, iba pokračovať v ceste, po ktorej ideme."

Vedel som, že nám to v určitom momente spôsobí obrovské problémy, nezastavil som ich však v tom, aby videli duchovnú ríšu. Bol to Boh, ktorý otvoril ich duchovné oči, aby mohli uvidieť duchovné veci, a teda by som sa neodvážil pokúšať sa zastaviť ich.

Čím viac vieme o duchovnej ríši, tým viac budeme túžiť po nebeskom kráľovstve a budeme schopní vyhnať tmu zo sveta. Budeme mať väčšiu nádej v nebeské kráľovstvo a budeme rásť v duchovnej viere a pozerať smerom k novému Jeruzalemu.

Nepriateľ diabol vždy hľadal Mesiáša, dokonca ešte pred Ježišovým narodením. Hneď ako sa Ježiš narodil, diabol sa Ho pokúšal zabiť prostredníctvom Herodesa. Rovnako to bolo počas Jeho verejného pôsobenia, a keď prišiel čas, diabol popudil hriešnych ľudí a ukrižoval ho.

Kráľovstvo Božie je dokonané duchovným dobrom. Pastori a Boží pracovníci musia poznať duchovnú ríšu. Bez toho, že by sme ju poznali, nemôžeme mať kontrolu nad nepriateľom diablom a Satanom. Len ak dôkladne poznáme ich identitu, môžeme nad nimi víťaziť a dokazovať Božiu moc.

V Skutkoch 16:16-18 vidíme, že apoštola Pavla po mnoho dní nasledovala istá služobnica a spôsobila mu ťažké chvíle. Bola posadnutá diablom a tiež veštkyňa. Pavol z nej však diabla nevyhnal.

Mohol jednoducho povedať: „Nečistý démon, vyjdi v mene Ježiša Krista!" A démon by bol odišiel. Prečo to teda nechal tak? Čakal, lebo vedel, že to nemá spraviť.

Ak by vyhnal démona z tejto ženy, mužovia, ktorí mali z jej vešteckých predpovedí zárobok, by nezarobili nič a prenasledovali by ho. Keď to však už nemohol viacej zniesť a démona vyhnal, čo sa stalo? Bol predvedený pred ľud. Vyzliekli ho a bili až kým nekrvácal a potom ho uvrhli do väzenia.

Biblia je záznam o duchovnej ríši. Nepriateľ diabol a Satan nenávidia, keď ľudia vidia duchovnú ríšu. Je to preto, lebo cez toto sa bude hlásať evanjelium a kráľovstvo Božie bude rázne dovŕšené. V Druhej knihe kráľov 6:17 sa píše: *„A Elizeus sa modlil a riekol: Hospodine, prosím, otvor jeho oči, aby videl! Vtedy otvoril Hospodin oči služobníka, a videl a hľa, vrch bol plný koní a ohnivých vozov okolo Elizea. "*

Elizeus videl svojimi duchovnými očami kone a ohnivé vozy okolo celej hory. Rovnako, keď Štefan kázal evanjelium, bol naplnený Duchom a povedal: *„Hľa, vidím nebesia otvorené a Syna človeka stáť po pravici Božej!"* (Skutky 7:56) Potom hriešni ľudia zakričali hlasným hlasom, zakryli si uši a vrhli sa naňho s jediným úmyslom. Ukameňovať ho na smrť. V Skutkoch, kapitole 7, keď Štefan kázal evanjelium a poukázal na hriechy ľudí, boli naňho tí hriešni nahnevaní (Skutky 7:54).

Keby však Štefan nebol povedal, že brána nebies bola otvorená, a že videl Ježiša, nebol by býval ukameňovaný na smrť. Pretože jeho duchovné oči boli otvorené a on hovoril o duchovnej ríši, nenávideli fakt, že mohol vidieť niečo, čo oni nie.

Hovoria také veci ako: „Anjeli? To je výmysel! Sú pomýlení. Je to všetko podvod!" Tvrdia mnoho takýchto nesprávnych vecí.

Na pilieroch svätyne sa objavili obrazy

21. júna 1998, po večernej bohoslužbe, sme na štyroch pilieroch oltára hlavnej svätyne videli obrazy ľudí. Verím tomu, že Boh sa tešil, že som sa po večernej bohoslužbe chystal modliť sa na modlitebný vrch. Na štyri piliere svätyne vykreslil obrazy cez Svojich anjelov. Jasné obrazy videlo na vlastné oči aj mnoho ďalších ľudí.

Boli to obrazy Ježiša, ako Mu prebodávajú bok na kríži a obrazy Pavla, Jána a Petra. Správa sa rozšírila a viac ako 7 000 ľudí ten týždeň navštívilo náš kostol, aby videlo tieto obrazy.

Na ostrove Patmos môžeme vidieť maľbu, na ktorej je vyobrazený Ján. Jeho čelo je opuchnuté, lebo pri modlitbe toľko narážal hlavou o skalu. Aj obraz Jána, ktorý sa zobrazil na pilieri vo svätyni mal opuchnuté čelo. Peter mal dlhú bradu.

Keď členovia videli Ježiša krvácať od tŕňov prepichujúcich Jeho hlavu a kopiju zapichnutú do Jeho boku, boli naplnení emóciami. Tieto obrazy pretrvali vo dne i v noci počas niekoľkých týždňov. Boli odfotografované, aj natočené na video. Jeden diakon, ktorý bol maliarom, ich tiež nakreslil.

Boh zjavil svetlo duchovného tela

Ľudia majú telo, ale pravou podstatou je duch. Keď Boh, ktorý je duchom, stvoril človeka, vdýchol do jeho nozdier dych života a spravil z neho živú dušu (1. Mojžišova 2:7). Keď skončíme naše životy tu na zemi a pôjdeme do neba, budeme žiť v duchovných telách. Podľa miery, do akej pripomíname srdce Ježiša a odrážame obraz Boha, každý z nás bude vyžarovať iný jas svetla.

Apoštol Ján

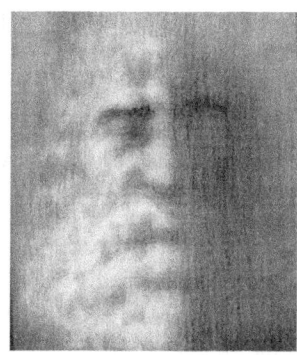

Ježiš na kríži
Obrazy na pilieri zachytil maliar na papier

Apoštol Peter

Keď Mojžiš zišiel z hory Sinaj s Desatorom Božích prikázaní, jeho tvár žiarila tak jasne, že sa ľudia báli k nemu priblížiť. Sám Mojžiš si toho nebol vedomý a až neskôr, keď sa ho ľudia báli, si zakryl tvár závojom. (2. Mojžišova 34: 29-33).

25. júla 1998, počas druhej časti piatkovej celonočnej bohoslužby, sa prihodila nasledujúca udalosť. Boh lásky, ktorý chcel, aby mali veriaci viac nádeje v nebeské kráľovstvo, im ukázal svetlo duchovného tela. Boli ho schopní vidieť všetci, nie len tí, ktorých duchovné oči boli otvorené.

V jednom momente začalo z môjho duchovného tela vychádzať svetlo a rozširovalo sa dookola. Kvôli takému jasnému svetlu nebolo vidno vedúcu chvál. Jej veniec zapletený z kvetov, ktorý mala na hlave, sa zmenil na korunu. Keď som prišiel do stredu oltára, moje šaty vyzerali ako dlhé rúcho a zdal som sa byť tiež vyšší.

Táto scéna sa premietala na veľkej obrazovke a členovia, ktorí sa tejto bohoslužby zúčastnili ju jasne pozorovali. Toto svetlo sa rozšírilo dookola a tí, čo sedeli vpredu zažili úžasné veci vrátane zmiznutia ich únavy a dokonca uzdravení.

Jednou z nich bola Kyeong-ok Kimová. V októbri 1996 sa stala účastníčkou dopravnej nehody. Na obidvoch nohách jej diagnostikovali veľmi vážne postihnutie piateho stupňa. Aj s pomocou bariel len ledva chodila. Do nášho kostola začala chodiť nejakú dobu pred nehodou.

Keď na piatkovej celonočnej bohoslužbe videla toto svetlo, myslela si najskôr, že to bol odraz nejakého svetla. Ale keď sa pozrela pozornejšie, videla, že tí, čo vošli do svetla, zmizli. Videla, že som vyzeral oveľa vyšší, oblečený v niečom ako biele plátno.

Potom uverila, že som nebol ani náhodou ani nejakým druhom falzifikátu, ale samotným dielom Božím. Svetlo sa jej dostalo do očí. Nemohla prestať stonať s pocitom, že oslepne.

Po bohoslužbe však zistila, že dokáže chodiť voľne, bez bariel. Mala stráviť zvyšok života so svojím postihnutím, Božou milosťou však bola uzdravená a úplne normálna. Pretože to však bola duchovná skúsenosť, ktorú veda nedokáže vysvetliť, vysielacia spoločnosť povedala, že to bolo celé zariadené a príbeh nejakým spôsobom vykonštruovaný.

Boh ochránil členov kostola

Svojimi sálajúcimi očami Boh lásky ochránil členov nie len hlavného kostola v Soule, ale tiež členov filiálnych kostolov po krajine.

15. marca 1998, keď boli členovia Kostola Manmin v Tägu na ceste na výročnú bohoslužbu Kostola Manmin v Masane, ich dodávka sa na diaľnici Kuma prevrátila.

Šli rýchlosťou 120 km/hodinu. Pravá zadná pneumatika dostala defekt a dodávka sa celá začala točiť dookola a zasiahla deliaci pás. V dodávke bolo dvanásť dospelých a päť detí. Vozidlo bolo kompletne zdemolované.

Bola to veľká nehoda, v ktorej mal pravdepodobne každý, čo bol vo vozidle, zomrieť. Boh však ochránil všetkých 17 členov. Jedna žena bola tehotná, nebola však vôbec zranená. Povedala, že keď ju odhodilo von cez okno a padla na zem, cítila, že jej telo ochraňoval anjel.

Sunhee Leeová si vtedy poranila chrbticu a krčné stavce. Dorazila sanitka služby 119 a paramedici sa ju chystali zobrať do nemocnice. Ona a jej rodina však miesto nemocnice chceli ísť do

Dodávka po nehode

Kostola Manmin v Masane.

Po bohoslužbe som sa dozvedel o tejto správe. Keď som šiel do ošetrovne, Sunhee Leeová ležala na lôžku. Modlil som sa za ňu na jej krku, pleciach a chrbte.

Povedala, že keď prijala modlitbu, pocítila niečo horúce ako oheň a tiež, že sa jej obnovila sila. Mohla chodiť hneď po modlitbe. Povedala, že v tom momente bola tiež uzdravená z hemoroidov, ktoré ju trápili už dva roky.

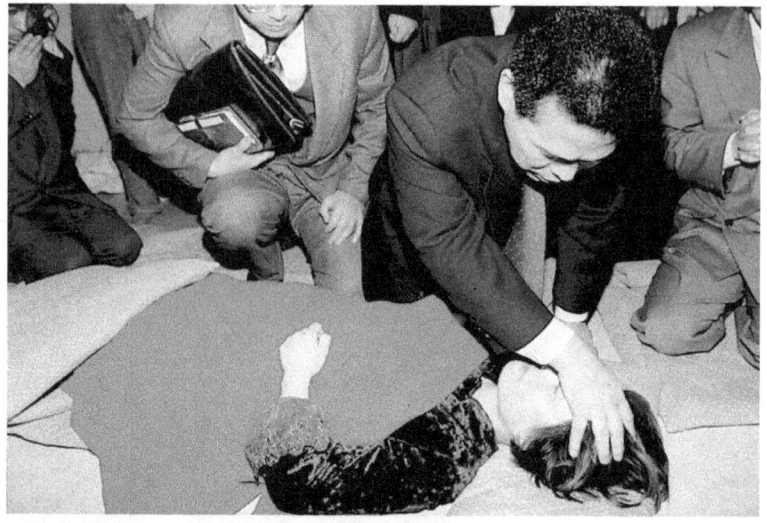

Sunhee Leeová bola po
nehode uzdravená
prostredníctvom modlitby

Podporná ruka počas 15 metrového voľného pádu

23. decembra 1998 bol diakon Joong-Ik Chun vedúcim antiteroristického tímu špeciálnych policajných jednotiek v Soule. V Cho Gye Jong sa dohrávala demonštrácia budhistických mníchov a ilegálna okupácia budhistickej centrály. Jeho tím bol vyslaný na miesto, do chrámu Cho Gye Sa.

Keď sa po požiarnom rebríku dostali na strechu 15 metrovej budovy, podpora sa náhla zlomila a vozidlo, ktoré držalo rebrík sa prevrátilo. Päť členov špeciálnych policajných síl na rebríku okamžite spadlo.

Miestna tlač to uvádzala ako hlavný titulok v novinách. Avšak v momente, keď diakon Joong-Ik Chun padal, miesto toho, aby si myslel, že sa vážne zraní, mal vieru, že ho Boh ochráni.

Fotografia pádu uverejnená v novinách
(Joong-Ik Chun v kruhu)

Joong-Ik Chun v policajnej službe

Ak by bol dopadol najskôr na nohy, jeho chrbtica by bola rozdrvená a celé jeho telo dolámané. Dopadol však najskôr na stranu svojej prilby. Cítil tiež, že jeho telo podporovala veľká ruka, a akoby na zemi boli poukladané vrstvy vaty.

S veľkým hlukom dopadol na asfalt. Najskôr bol trochu zmätený z toho šoku, ale keď sa poobzeral, videl, že chrám Cho Gye Sa bol v plameňoch.

Ostatní štyria členovia boli vážne zranení. Ich zranenia vyústili do postihnutí, ale diakon Joong-Ik Chun nemal vôbec žiadne zranenia.

Keď ho viezli v sanitke do nemocnice spolu s ostatnými členmi tímu, aby ho vyšetrili, lekári v službe sa ho s úžasom opakovane pýtali, či bol jedným z tých, čo spadli z piateho poschodia!

Modlitba v slzách za tých, čo zradili a uškodili

Aj keď ma pracovníci kostola alebo pastori oklamú alebo neposlúchajú, nikdy som nikoho nepotrestal. Vždy im odpúšťam až do konca, dúfajúc, že sa zmenia.

V roku 1987 chcel jeden pastor pracovať v našom kostole. Povedal, že chce otvoriť kostol v Tädžone, a tak som mu finančne vypomáhal. V deň otvorenia šli niektorí pracovníci kostola do Tädžonu. Nebol tam však žiadny kostol. Oklamal nás a utiekol preč aj s peniazmi.

Po niekoľkých rokoch tento pastor za mnou prišiel, kľakol si a oľutoval. Odpustil som mu a nepýtal sa nič na minulosť. Nechal som ho pracovať v kostole. Znovu povedal, že otvorí kostol v Tädžone. Finančne som ho podporil. Kostol skutočne otvoril, avšak možno preto, že mal finančné problémy, odišiel bez toho, že by mi o tom niečo povedal.

Ježiš učil Judáša Iškariotského až do konca

Judáš Iškariotský videl cez Ježiša divy a zázraky, ktoré mohli byť vykonávané len Božou mocou. Aj napriek tomu však nedokázal v Neho uveriť.

Aj po tom, čo videl hmatateľný dôkaz, jeho srdce bolo naplnené telesnými vecami. Nevedel si teda uvedomiť Božiu vôľu alebo ju prijať. Napriek všetkému bol však Judáš Iškariotský nevyhnutný pre Ježišovu úlohu a dielo spásy. Biblia hovorí, že on bude ten, čo zapredá Ježiša (Ján 6:71).

> *„Ale sú niektorí z vás, ktorí neveria. Lebo Ježiš vedel hneď od počiatku, ktorí sú to tí, ktorí neveria, a kto je ten, ktorý ho zradí"* (Ján 6:64).

Ježiš sa snažil, aby Judáš porozumel a oľutoval, ale učeníci tomu nerozumeli. Keďže vedel, že Ho Judáš zradí, zahŕňal ho láskou až do konca. Nezatratil ho pred ostatnými učeníkmi. Neopustil ho.

Aj tých, čo zradia

Bez ohľadu na to, aké srdce človek má, som chcel, aby sa každého srdce zmenilo na srdce dobra. Nikdy som si nepomyslel: „Na tohto si musím dávať pozor kvôli jeho srdcu." Nikdy som si od nikoho neudržoval odstup. Veril som proste každému.

Veril som každému, aj keď som jasne videl myšlienky zrady. Veril som len, že sa v budúcnosti zmenia a nezostanú vo svojom súčasnom stave. Toto je spôsob, ako môžu rásť ako pastori a služobníci Boží.

Aj keď som im dôveroval, niektorí z nich na mňa predsa neskôr zaútočili a opustili kostol. Kvôli ich zlu som veľmi žialil a stratil veľa na váhe a energii.

V roku 1991 sa jeden pastor ponúkol, že prevezme „Misiu svetla a soli", čo je misijná skupina pre tých, ktorý pracujú v distribučnom sektore obchodu. V tom čase mi Boh povedal, že o niekoľko rokov neskôr na kostol zaútočí. Poradil som jeho žene, aby sa zaňho modlila, aby nezmenil spôsoby svojho myslenia.

Pretože som vedel, ako sa zmení, sám som sa staral o pracovníkov Misie svetla a soli. Nakoniec v roku 1997 odišiel aj s asi 30 členmi. Povedal, že bude nášmu kostolu pomáhať zvonku, pokúšal sa však len oklamať viac členov a pritiahnuť ich do svojho kostola. Rozšíril mnoho falošných informácií, prehlásil, že moje učenie je nesprávne a zavádzajúce a narušil pôsobenie nášho kostola.

Začiatok prvej skúšky

V júni 1998 Boh povedal: „ *Vytrhám burinu z tvojho kostola.* *Niektoré však ponechám.* " Upadol som do smútku. V júli prišla na náš kostol skúška.

Možno moje srdce nie je príliš silné a stále som ľuďom len odpúšťal, aj keď spravili veľké chyby. Ak aj urobili nepredstaviteľne zlé veci, len som sa za nich v slzách modlil a chcel som, aby oľutovali a vrátili sa späť. Boh mi mnohokrát povedal, aby som ich vymazal zo svojho srdca.

„Otče, môže im byť odpustené? Môžu byť zachránení? Prosím Ťa, odpusti im!" V roku 1998 som držal pôst a modlil som sa za nich k Bohu niekoľko mesiacov. Dostal som takúto odpoveď: „ *Ak naozaj hlboko oľutujú, odpustím im.* "

Po tom, čo som dostal túto odpoveď, pokúšal som sa pomôcť im uvedomiť si to a poradiť im, ale nepočúvali. Členovia kostola nerozumeli, prečo som počas kázní toľko plakal.

Od otvorenia kostola som každý rok poriadal konferenciu pastorov, pre ich duchovný rast. V júli 1998 som sa týždeň pred konferenciou musel rozhodnúť.

Opäť som dostal odpoveď: *„Služobník môj, pretože to nevieš spraviť sám, spravím to ja. Nemôžeš sa ich dotknúť svojím charakterom, a tak to urobím ja sám.“*

Nemohol som prijať ľudí, ktorých Boh nemohol prijať. Nepriateľ diabol sa k nim hnal ako revúci lev (1 Peter 5:8). Vedel som, že Satan podnieti hriešnych ľudí a pokúsi sa ma zničiť, mohol som to však len nechať na Boha, keďže povedal, že On sám sa o to postará. Do jedného z nich vošlo mnoho démonov. Iného som videl, ako sa okolo neho obmotal veľký had.

Niektorí členovia kostola videli obraz Lucifera, hlavy zlých duchov, a náčelníka nebeskej armády, archanjela Michala, ako ohnivo bojuje za zradcov, ktorí boli medzi nimi uprostred.

Bolo to preto, že som ich nepustil zo svojho srdca, ale držal ich, aby sa mohli zmeniť a vrátiť späť. Potom som počul Boží hlas. *„Služobník môj, vzdaj sa ich. Kým sa ich budeš držať vo svojom srdci, archanjel Michal musí pomáhať. Musíš ich vymazať zo svojho srdca, aby som ja mohol pracovať.“*

„Nech sa stane Tvoja vôľa.“

Nemohol som si viac pomôcť a prestal som sa za nich modliť. Keď som to vzdal, skúška začala v plnom meradle. Boli tam ľudia, ktorí spáchali toľko hriechov, a tak sa Boh rozhodol ich opustiť. Títo istí ľudia prišli jeden s druhým do kontaktu.

A hneď po tej skyve vstúpil do neho satan. Vtedy mu

riekol Ježiš: Čo robíš, urob rýchle. Ale tomu niktorý zo spolustolujúcich neporozumel, načo mu to povedal (Ján 13:27-28).

V júli 1998 niektorí z tých, čo sa rozhodli ma po konferencii pastorov zradiť, vymysleli plán. Jedena z pastoriek povedala, že sa na viac ako mesiac chystá odísť modliť a kajať, až kým jej Boh neodpustí.

Boh jej od otvorenia nášho kostola dal veľa darov Ducha Svätého. Zriedkakedy som ju však videl modliť sa. Za mnoho rokov sa nazbieralo veľa jej neposlušnosti voči Bohu a už s Ním viac nedokázala komunikovať. Taktiež už viac nepreukazovala žiadne činy Ducha Svätého.

Boh už od nej zobral tieto dary. Navyše, keďže v kostole rástli vedúci chvál, cítila, že jej pozícia bola ohrozená a jej závisť a žiarlivosť vyšla na povrch. Poradil som jej, aby pred Bohom hlboko oľutovala. „Keď pôjdeš na vrch modliť sa, prosím ťa, hlboko oľutuj a prelom všetky múry hriechu."

Na to mi však dala nečakanú odpoveď. Povedala: „Za posledných 17 rokov som ťa pozorovala a nikdy si neporušil pravdu. Žiješ svoj život bez poškvrny a Boh ťa tak miluje."

Napriek tomu však, ako to dopovedala, neodišla do hôr modliť sa. Stala sa z nej zrazu kľúčová hráčka v zákernom úklade zrady. Keďže jej hriechy boli v kostole odhalené a už ich viac nemohla skrývať, stretla sa s tými, čo z kostola odišli a naplánovala intrigu.

Začala šíriť mnoho falošných rečí a vyprodukovala niekoľko tlačených materiálov. Rozposlala ich do rôznych cirkevných organizácii, tlači a mnohým pastorom rôznych vierovyznaní. Uverejnila ich tiež na internet. Vymysleli mnoho bodov, v ktorých ma obvinili z bludárstva a čoskoro sa počet týchto bodov zvýšil na stovky. Vykonštruované dokumenty ukázali vysielacím staniciam, ktoré vysielali moje kázne, v snahe zastaviť vysielania.

Túžila ma zničiť. Sama sa chcela stať vedúcou kostola a prevziať celý kostol pod svoju kontrolu. Otvorila si kostol v blízkosti toho môjho a vymyslela si zvláštne príbehy a rozšírila ich.

So svojimi falošnými svedkami vytvorila niekoľko listov a kazetových nahrávok a rozšírila ich ďalej. Jej plán bol zmiasť členov nášho kostola a priviesť ich do jej kostola. Musel som o tomto fakte povedať našim členom a vyjasniť situáciu.

Cítil som faloš prerastať do takej miery, že prevažovala nad pravdou.

Keď Putifarova žena pokúšala Jozefa, rezolútne ju odmietol. V 1. Mojžišovej 39:12 čítame: *„A chytila ho za jeho rúcho, a vravela: Lež so mnou! Ale on zanechal svoje rúcho v jej ruke a utiekol a vyšiel von.“*

Putifarova žena klamala a povedala, že ju Jozef prišiel znásilniť, ale keď začala kričať, zanechal svoj odev a utiekol. Putifar bol rozzúrený, keď mu to jeho žena povedala. Jozefa sa nič nepýtal. Len ho poslal do väzenia, kde sa tiesnili kráľovi väzni. Ak súdite len podľa slov jednej osoby, je pravdepodobné, že váš úsudok nebude správny.

Jozef bol nespravodlivo obvinený a poslaný do väzenia. Sám bol však ticho, lebo ak by bol povedal pravdu, rozvrátilo by to rodinu jeho pána. Vo väzení sa Jozef nenechal poznačiť toľkými neprávosťami, ktoré tam videl.

Keď riadil Putifarov dom, naučil sa manažmentu. Keď ho uväznili, priučil sa politike. Aj keď bol vo väzení, Boh bol s ním, až sa nakoniec stal predstaveným Egypta. Znamená to, že Boh dokázal jeho nevinu.

Prozreteľnosť pri uzdravujúcich obrodeniach

V novembri 1998 sa začala druhá skúška. Medzi pastormi nášho kostola bola pšenica, ale aj plevy. Bola tu jedna rodina, ktorá od Boha dostala špeciálnu milosť.

V roku 1989 boli traja členovia tejto rodiny, vrátane pastorovej matky, na pokraji smrti, kvôli otrave plynom. Po prijatí mojej modlitby sa však všetci úplne uzdravili bez akýchkoľvek neskorších následkov. Bola to veľká rodina a väčšina ich členov cez moju modlitbu zakúsila uzdravenie z nevyliečiteľných ochorení.

Dostalo sa im od Boha toľko milosti a lásky. Ako však postupovali na cirkevných pozíciách a stávali sa známejšími, stali sa arogantnými. Dal som pastorovi mnoho príležitostí oľutovať, ale až do konca sa neobrátil. Nakoniec začal vynášať citlivé dokumenty, ktoré boli uchovávané interne v rámci kostola. Jeho veľké hriechy boli odhalené.

Keď sa začali odhaľovať hriechy tejto rodiny, kostol opustili.

Tiež si otvorili kostol vedľa môjho. Okrem toho začali šíriť falošné chýry medzi členmi kostola a radili im, aby prestúpili do ich kostola.

Kým sa toto odohrávalo, boli tu aj iní vedúci pastori, ktorí mali sebecké motívy a opustili kostol. Spolčili sa v šírení falošných správ, aby podviedli členov kostola v pokuse presvedčiť ich, aby prestúpili do ich kostolov. Spočiatku boli zjednotení pre svoj osobný prospech, ale keď sa začali líšiť v názoroch, vytvorilo sa medzi nimi samými nepriateľstvo a začali proti sebe bojovať.

Pretože Boh poznal Satanove intrigy, pohol mojím srdcom, aby som usporiadal uzdravujúce obrodzovacie stretnutie. Od prvého novembrového týždňa boli chorí uzdravovaní každý deň počas šiestich týždňov. Boli tam aj takí, čo sa uzdravili z detskej obrny. Mnohí sa postavili z invalidných vozíkov a začali chodiť. Zmizlo mnoho rakovinových ochorení. Množstvo ľudí zakúsilo Božie zázraky.

Keď sa denne diali divy, opisované v Biblii, mohol som len vzdávať Bohu vďaku. Živý Boh nám ukázal, že nás miluje, a že bol, je a bude s nami. Bola to Božia prozreteľnosť, aby sme členom nášho kostola pomohli prejsť týmito skúškami tak, že uvidia všetky tieto divy.

V novembri 1998, prišla do Soulu staršia pani, Boonneum Kimová, aby navštívila svojho syna. Kvôli ťažkej práci na farme bol jej chrbát úplne ohnutý. Trápil ju už desať rokov. Bolo jej ľúto, že nemohla ani povoziť svoju vnučku na chrbte.

Tohto uzdravujúceho obrodenia sa zúčastnila na žiadosť svojho syna. Po prijatí modlitby sa jej 90 stupňové ohnutie úplne

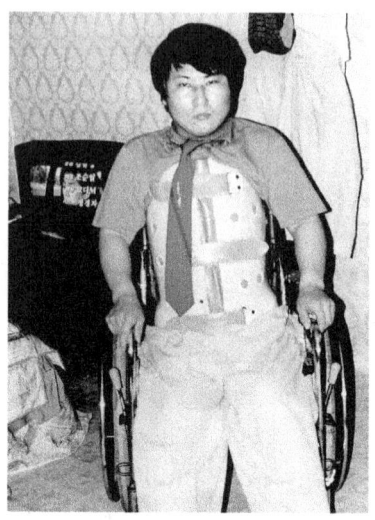 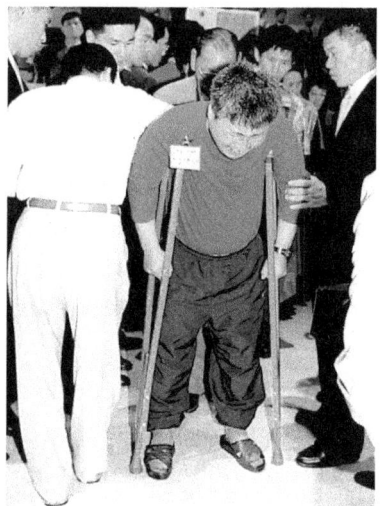

Yoonsup Kim pred uzdravením, s výstuhou chrbtice a na vozíku

Prijatie modlitby na obrodzovacom stretnutí v roku 1999

narovnalo a ona vzdala Bohu slávu.

Yoonsup Kim trpel pred týmto uzdravujúcim obrodením v novembri 1998 prvým stupňom postihnutia, ktoré mu celkom znemožňovalo život. Bez vozíka sa vôbec nedokázal pohybovať. V máji 1990, keď vykonával v Tädžone elektrikársku prácu, spadol z piateho poschodia budovy.

Zobrali ho do nemocnice, kde bol asi šesť mesiacov v bezvedomí. Zlomil si štvrtý a piaty hrudný stavec a jedenásty a dvanásty bedrový stavec. Mal poškodenú aj pečeň. Bol v kritickom stave.

Po lekárskom ošetrení a terapii mu nakoniec bola v roku

Úplne uzdravený má šťastnú rodinu

1993 stanovená diagnóza postihnutia prvého stupňa. Kým trávil dni v bolesti, jeho susedia mu prinášali evanjelium, a tak sa prišiel zúčastniť tohoto uzdravujúceho obrodenia.

Nevedel ísť sám ani na toaletu. Po tom, čo prijal modlitbu, sa však postavil z vozíka! Čoskoro viac nepotreboval výstuhu chrbtice a mohol chodiť len o barlách. Mohol si tiež ľahnúť a vystrieť sa. Nasledujúci rok, v máji 1999, sa zúčastnil Dvojtýždňového špeciálneho obrodzovacieho stretnutia a 12. mája mu bol daný silný oheň Ducha Svätého.

Predtým musel chodiť o barlách, čo nebolo jednoduché. Ale keď na jeho nohy prešiel oheň Ducha Svätého, bol schopný chodiť sám. Bol to dojímavý moment, keď po prvýkrát za 9 rokov od nehody dokázal znovu chodiť. Neskôr sa tiež oženil a v súčasnosti má aj krásnu dcéru.

Boh naučil členov, aby si prali svoje rúcha

Boh chcel, aby som ja a členovia nášho kostola toto prekonal dobrotou a láskou. Jeden z dôvodov, prečo Boh dovolil tieto skúšky, bol, aby mi dal moc uskutočniť prozreteľnosť svetovej misie, ale bolo to tiež preto, lebo Boh chcel, aby si všetci členovia kostola oprali svoje rúcha. Predovšetkým chcel, aby si obrezali svoje srdcia, vyhnali všetky formy zla a boli posvätení.

Radil som členom, aby nevideli, nepočuli ani nehovorili o tom, čo nie je pravda. Boh chce sväté pery. Potom nebude žiadneho súdu, zatratenia ani očierňovania. Temnota nemôže prísť a nepriateľ diabol nemôže spôsobiť nepokoje.

Satan takto nemôže obviniť ľudí, ktorí žijú vo svetle. Cez túto skúšku, ktorej náš kostol čelil, mali členovia možnosť uvedomiť si pravdu a nájsť samých seba. Niektorí z nich sa však stretli s tými, ktorí šírili slová temnoty, boli podvedení a opustili kostol.

V decembri 1998 mi Boh povedal, aby som sa modlil

za získanie takej Božej moci, aby som tak ako Ježiš, mohol oživiť mŕtveho Lazára. Ak by som získal moc oživiť mŕtvych prostredníctvom modlitby v mene Božom, bol by som schopný uskutočniť svetovú misiu veľmi rýchlo.

Moc Božia sa však nedá získať jednoducho. Musíme mať zodpovedajúcu mieru viery. Musíme kvôli tomu tiež prejsť ohnivými skúškami, aby sme získali vlastnosti lásky a dobroty na vysokom stupni.

Boh s potešením prijal zasvätenú modlitbu

Keď som v roku 1998 prechádzal týmito šokujúcimi vecami, nemohol som jesť. Modlil som sa s toľkým žiaľom. Rýchlo som schudol a tiež stratil energiu.

Ako mohli tí, ktorí videli a zažili toľké Božie diela a zázraky a počúvali slovo pravdy, v momente odísť a zmeniť sa na prenasledovateľov? Keď som myslel na ich hriešnosť, mohol som len žialiť a ľutovať ich.

Stratil som veľa energie, najmä počas šiestich týždňov, keď som sa celou svojou silou modlil za chorých. Schudol som viac ako 10 kg. Len keď som kráčal, som mal pocit, že skolabujem. Keby som bol schudol ešte viac, nebol by som býval schopný kázať na bohoslužbách. Jedného dňa, keď som sa modlil, Boh mi povedal, aby som obetoval zasvätenú modlitbu.

„Choď na vrch a obetuj zasvätenú modlitbu. Modli sa za svetovú misiu. Zobral som ti fyzickú energiu, ktorú si mal, a teraz ťa naplním nebeskou energiou. Teraz prišiel ten čas, a tak sa modli, aby si získal moc oživiť

mŕtvych."

V januári 1999 som začal prvú zasvätenú modlitbu, ktorá trvala jeden mesiac. Boh pohol mojím srdcom, aby som sa modlil za svetovú misiu a Božiu prozreteľnosť, ktorá musí byť na konci časov naplnená. Boh mi dal poznať moc za hranicou moci oživovať mŕtvych a povedal mi, aby som sa modlil za „Moc mocí".

Boh prijal túto prvú zasvätenú modlitbu s radosťou a dal mi mnoho odpovedí. Jednou z najúžasnejších vecí bolo, že sa zmenil aj tvar môjho tela a nadobudol som novú silu. Sámého ma to prekvapilo. Keď som bol mladý, chcel som mať hruď v tvare prevráteného trojuholníka, a tú som teraz mal, silnú širokú hruď a široké ramená.

Môj žalúdok sa stiahol, mal som pomerne úzky pás a bol som plný energie, ako keby som mal dvadsať. Boh dokonca zmenil tvar môjho tela, aby som mohol vykonávať väčšie diela, bez toho, aby som sa unavil.

Nepriateľ diabol sa ma snažil zničiť, ale Boh ma ochránil. Dokonca mi v momente dal silné telo. Diakon, čo mi robil šoféra, bol tiež veľmi prekvapený a vyfotografoval si ma. Aj pomocní pastori boli veľmi prekvapení, keď videli moje telo.

Kapitola 3

Na čo Ježiš myslel, keď kráčal s krížom na Golgotu?

Začiatok tretej skúšky

Od konca 1. zasvätenej modlitby som obetoval Bohu zasvätenú modlitbu raz mesačne až do apríla. Keď som sa pri týchto štyroch príležitostiach modlil, nevedel som ovládnuť žiaľ, ktorý ma premohol, kedykoľvek som si spomenul na tých, ktorí odišli z kostola a zaútočili na môj charakter a kostol. Nevedel som sa poriadne modliť.

V apríli 1999 ku mne v modlitbe prišlo Božie slovo. Boh povedal, že tým hriešnym ľuďom neodpustí, a pretože sa naplnilo potrebné množstvo mojich modlitieb, preukáže Svoje dielo prekračujúce hranice času a priestoru. Ešte predtým bolo veľa ľudí z iných krajín vyliečených prijatím modlitby cez internet. Boh mi povedal, že tento typ činnosti sa bude diať v plnom meradle.

Informoval ma o tomto: „*Služobník môj, už sa viac nemodli za tých, čo ťa odsúdili a opustili. Nebuď smutný, nech už by upadli do hocijakej situácie. Už im viac neodpustím.*

Neodpustím nijakej osobe, ktorá naruší tento kostol. "

Niektorí pastori, ktorí opustili kostol, sa zjednotili s inými, ktorí tiež odišli. Keď sa začali odhaľovať ich neprávosti, splodili diabolské plány. Jednou z nich bola pastorka, ktorá bola prehnane závistlivá a bola ovládaná Satanom.

Tí, ktorí z kostola odišli pre svoj vlastný prospech, vymysleli intrigy na zničenie kostola. Spolčili sa pre svoje osobné blaho a ak sa ich záujmy líšili, rozdelili sa.

V apríli 1999, keď som dokončil štvrtú zasvätenú modlitbu, mi Boh povedal, že príde tretia skúška. Bola to Božia prozreteľnosť, že ak prejdem touto skúškou, Boh mi dá neobmedzenú moc, ktorej sa nebude môcť postaviť ani Satan.

Boh mi povedal, že tohoročné obrodzovacie stretnutie bude mať širokú publicitu, a že sa prostredníctvom jeho vysielania staneme známymi po celom svete. Počas kázne som členom povedal, že skrze vysielanie príde veľká odozva. Nikdy by som si však nepredstavil, že sa pri vysielaní prihodí incident.

Vysielacie stanice si musia udržovať objektívny pohľad

V máji 1999 sme poriadali Dvojtýždňové špeciálne obrodzovacie stretnutie. Keď všetky ich plány zničiť ma stroskotali, vybrali si verejné vysielanie, ako svoj posledný pokus.

Vytvorili plán zničiť kostol cez svoje vysielanie. Poslali falošné dokumenty a falošných svedkov do tímu programu „Producer's Note" Vysielacej spoločnosti Munhwa (MBC).

15. apríla 1999 vytvoril tím „Producer's Note" program, založený na ich informáciách a rozhodol sa ho 4. mája odvysielať.

Je zrejmé, že vysielacia stanica si musí zachovať objektívny pohľad, a teda si mali skontrolovať platnosť a spoľahlivosť svojich informácií. Chystali sa odvysielať niečo, čo sa veľmi líšilo od pravdy. Vedeli sme o tom, a tak ich pracovníci nášho kostola požiadali, aby neodvysielali takýto jednostranný program.

Povedali sme im, že keďže čoskoro budeme organizovať veľké podujatie, „Špeciálne obrodzovacie stretnutie", budeme s nimi plne spolupracovať po jeho skončení.

Tím „Producer's Note" však za mnou prišiel do môjho domu 7. mája, so žiadosťou o interview. Toto stretnutie si neobjednali dopredu. Len prišli s kamerami a pýtali si interview. Ja som ani nevedel, že prišli do môjho domu, lebo mi o tom nikto nepovedal.

Ako vždy som odišiel z domu na piatkovú celonočnú bohoslužbu. Zvyčajne nikdy na bohoslužby nemeškám, a ak som predsa meškal len o jednu minútu, postil som sa ako čin pokánia.

Pretože pracovníci kostola o tomto vedeli, veľmi dobre vysielacej stanici vysvetlili, že som im v ten deň interview poskytnúť nemohol. Neskôr však povedali, že kostolu dali šancu prehovoriť v interview, ale ja som pred nimi utekal.

Prekvapil som celý svet

Pracovníci kostola požiadali o predbežný príkaz na zakázanie vysielania. Pretože bol prijatý, vysielanie muselo byť odložené o jeden týždeň. 11. mája súd nariadil, že niektoré časti programu nesmú byť odvysielané.

Po tomto nariadení sa pracovníci kostola stretli s producentmi a požiadali ich, aby program odvysielali až po skončení obrodenia, a len po tom, čo skontrolujú všetky fakty. Našu žiadosť však ignorovali so slovami, že vysielanie už bolo naplánované.

11. mája to bol 7. deň obrodzovacieho stretnutia. Program sa mal vysielať v ten deň o 11. večer. Obrodzovacie stretnutie sa skončilo ako obvykle, okolo 10:20 večer. Stalo sa však niečo neočakávané. Po skončení stretnutia som sa vrátil domov a na ďalší deň som sa musel od pracovníkov kostola dozvedieť šokujúcu správu.

Okolo 10:20 večer toho dňa, po skončení obrodzovacieho stretnutia, odišli niektorí členovia do vysielacej stanice protestovať. Vedeli, že program mal byť upravený s toľkým prekrútením faktov, a preto sa rozhodli ísť protestovať. Do vysielacej stanice dorazili o 11:05 večer.

Keď dvadsať až tridsať členov dorazilo do stanice, pri hlavných dverách nebola žiadna stráž, a tak vošli dovnútra. Na štvrtom poschodí stretli nejakých pracovníkov a spýtali sa ich, kde je vysielacia miestnosť. Niektorí im povedali, že na štvrtom a iní, že na siedmom poschodí. Naši členovia sa rozpŕchli ju hľadať.

Keď boli niektorí z nich na druhom poschodí, jedny z dverí boli do polovice otvorené. Keď vošli, našli tam stenu plnú televíznych monitorov a zbadali program o našom kostole.

Keď videli, ako vysielajú takéto neopodstatnené obvinenia o našom kostole, boli veľmi pobúrení. Vyžadovali, aby zastavili vysielanie, a tak sa medzi členmi nášho kostola a vysielacím personálom spustila hádka. Niekto jednoducho vypol vypínač a vysielanie sa zastavilo. Dozvedel sa o tom celý svet.

Kladenie dôrazu na dodržiavanie zákonov

Učil som a učím ľudí, aby dodržovali nie len zákony Božie, ale tiež všetky zákony krajiny, bez rozdielu na to, či šlo o nepodstatnú alebo dôležitú záležitosť. V skutočnosti väčšina členov nášho kostola dodržiava zákony, slúži spoločnosti a žije ako svetlo a soľ sveta.

Niektorí z našich členov sa však v ten deň nedokázali ovládnuť a v momente porušili zákon. Náš kostol musel čeliť obrovskej škode. Napriek tomu, že sme mali pravdu, bolo nesprávne porušiť zákon.

Aby ukľudnil členov, ktorí boli v hlavnej riadiacej miestnosti, vyliezol pastor Hyeonkwon Joo na akýsi stôl. „Nikomu neublížte a neporušte nijaké vybavenie. Nechytajte ho. Prosím, rýchlo odtiaľto odíďte." V správach však táto scéna bola vykreslená tak, že ich pastor Joo riadil.

Vysielacia stanica označila všetkých členov kostola za

výtržníkov. V správach vymazali celý zvuk a upravili ich tak, že bolo vidno len gestá. Javili sa tak úplne opačne, ako sa to v skutočnosti udialo. Vieme, že za televíznymi monitormi v televíznych staniciach je veľa poprepletaných spojení.

Na stole hlavnej riadiacej miestnosti bola veľká kamera a jej trup bol oddelený od objektívu. Pravdepodobne ju opravovali. V správach však ukázali poprepletané spojenia a kameru s trupom oddeleným od objektívu, hovoriac, že sme vážne poškodili ich zariadenie.

Diváci, ktorí nevedeli, čo sa v skutočnosti stalo, museli správam uveriť.

Kvôli tomuto incidentu nám bol vnútený negatívny imidž, ktorý indikoval, že sme obsadili vysielaciu stanicu a zastavili vysielanie. Väčšina členov kostola, ktorí žili dobrými životmi, stratila kvôli tomuto incidentu svoj dobrý imidž.

Samozrejme, nebolo to dopredu naplánované. Bola to nepredvídaná udalosť, museli sme sa však za to ľuďom ospravedlniť. Pretože sme spôsobili problémy na verejnosti, uverejnili sme naše ospravedlnenie v *Chosun Ilbo, Dong-A Ilbo, Hankyere Shinmun* a iných veľkých kórejských denníkoch.

Myslím si však, že vysielacia stanica mohla očakávať, že členovia kostola prídu protestovať, keďže vysielali neopodstatnené jednostranné odsúdenie veľkého kostola. Ak by bola stanica mala pri bránach stráž, členovia kostola by sa do vnútra nedostali tak jednoducho.

Tlač povedala, že náš kostol to mal celé detailne naplánované. Polícia si zavolala mnohých členov kostola, ktorí sa dostali do vysielacej stanice a vypočúvala ich, zistili však, že to bolo celé len náhoda.

Vytvorili program založený na falošných informáciách, ktoré vymysleli tí, čo sa snažili zničiť náš kostol. A kvôli tomuto vysielaniu musel nie len náš kostol, ale aj členovia kostola, čeliť vážnym škodám. Volali ich členovia násilníckeho kostola. K mnohým mladším členom v školách pristupovali ako k outsiderom. Mnohí z nich viac nemohli chodiť do kostola.

Čestný občan stratil prácu

V tom čase bol diakon Ikseon Yu vyšším policajným dôstojníkom. Ako policajt pracoval už dvadsať rokov. Bol uznávaný ako verný policajný dôstojník a bol tiež vzorným príkladom kresťana a mnohým rozprával o evanjeliu. Niektorí z tých, čo odišli z kostola, sa ho však snažili poslať do väzenia a poskytli polícií a vysielacej stanici niekoľko falošných informácií.

Vyniesli voči nemu obvinenia, že bol tým, čo tento incident riadil a do televíznej stanice šiel spolu s členmi kostola. Pre tlač to bolo náramne zaujímavé, že by aktívny policajný dôstojník údajne viedol takýto incident.

Predvolal si ho policajný úrad a prípad vyšetrovali. Tlač a vysielacia stanica tvrdili, že to bolo akoby aktívny policajný dôstojník úmyselne zasiahol do incidentu. 17. mája správy MBC o deviatej hodine uviedli nasledovné:

„Polícia spustila vyšetrovanie na základe obvinení,

že dôstojník Yu z Yangcheonskej policajnej stanice zohral vedúcu úlohu pri obsadení Vysielacej spoločnosti Munhwa. Výsledok preukázal, že dôstojník Yu šiel v ten deň po práci do kostola a vedel, že členovia kostola plánovali ísť do televíznej stanice, polícii to však nenahlásil..."

V skutočnosti však policajné vyšetrovanie preukázalo, že keď členovia kostola odišli do televíznej stanice, on bol v kostole, a kým členovia boli na ceste, zavolal televíznej stanici, aby sa na to mohli pripraviť.

Aby sa ukázala pravda, požiadal o stiahnutie a opravu správ na Tlačovom dozornom výbore, kvôli niekomu inému to však musel odvolať. Polícia ho vyšetrovala mesiac a pol, nenašla však žiadnu vinu. Vyšetrovanie ukončili záverom, že bol nevinný.

Po tomto pokračoval v práci policajného dôstojníka ešte rok a pol, stále bol však pod dohľadom. Navyše sa naňho ľudia pozerali s podozrením. Nakoniec sa rozhodol rezignovať. Z čestného a verného občana a policajného dôstojníka takmer spravili zločinca kvôli falošným obvineniam. Nakoniec musel odísť z práce.

Božie diela sa dejú bezo zmeny

3. mája 1999 sa začalo Dvojtýždňové špeciálne obrodzovacie stretnutie s názvom „Boh je láska" (1. Ep. sv. Jána 4:16). Na obrodzovacom stretnutí Boh neustále vykonával mnoho divov, zázrakov a výnimočných javov.

Napshim Parková mala 85 rokov. Navštevovala kostol v Goesane, provincii Choongbook. Oslovili ju kázne, ktoré jej z nášho kostola poslal jej syn. Odo dňa keď sa narodila, nevidela na ľavé oko a mala ovisnuté viečko.

Keď mala tridsať rokov, strýko zo strany rodiny jej muža ju udrel, lebo verila v Pána Ježiša. Následkom toho jej praskol bubienok. Odvtedy nepočula na pravé ucho. 3. mája 1999, v prvý deň obrodzovacieho stretnutia, však začala vidieť na ľavé oko a počuť na pravé ucho.

Prvýkrát za osemdesiatpäť rokov dokázala jasne vidieť veci svojím ľavým okom a aj jej pravé ucho, na ktoré vôbec nepočula päťdesiatpäť rokov, sa taktiež uzdravilo.

Bola tam aj Heekyeong Songová, ktorá zažila uzdravenie dva roky predtým. Narodila sa predčasne, len po siedmich mesiacoch tehotenstva. Mala vrodenú detskú obrnu a od raného detstva nedokázala používať svoju ľavú ruku a nohu.

Vďaka neustálej liečbe dokázala ich funkčnosť čiastočne obnoviť, ale jej ľavá noha bola o 4 cm kratšia ako pravá. Mala ohnutú chrbticu a pokrivenú panvu. Trpela veľkými bolesťami. Keďže krívala, iné deti sa jej posmievali.

V roku 1997 nastúpila na vysokú školu a po prvýkrát sa zúčastnila piateho Dvojtýždňového špeciálneho obrodzovacieho stretnutia. 6. mája 1997 prijala moju modlitbu na prvom stretnutí pre chorých. Získala silu v nohách a začala skákať.

V tom momente sa udial zázrak. Ľavou nohou sa dokázala dotknúť zeme. Po vyšetrení zistila, že sa jej noha, ktorá bola o 4 cm kratšia, predĺžila. Narovnala sa aj jej ohnutá chrbtica a pokrivená panva. Od vtedy sa vydala a má šťastnú rodinu s dvomi deťmi.

Odvtedy čo sa v „Producer's Note" odvysielal program o našom kostole, prišlo do nášho kostola mnoho reportérov zo CNN (Káblová televízna spoločnosť), ABC (Americká vysielacia spoločnosť), BBC (Britská vysielacia spoločnosť) a NHK (Nippon Hōsō Kyōkai: Japonská vysielacia spoločnosť). Natáčali a fotili zázraky, ktoré sa diali na obrodzovacích stretnutiach.

Niektorí svoje správy poslali na riaditeľstvo – o chorých, ktorí začali vidieť, ľuďoch zahadzujúcich svoje barly a iných, ktorí vstávali zo svojich vozíkov. Hlásili čo sa skutočne stalo.

Od vysielacieho incidentu som niekoľko mesiacov nešiel do svojho domu, ale zostal v kostole a len som sa modlil. Z toľkého žiaľu a šoku som veľa schudol a triasli sa mi nohy.

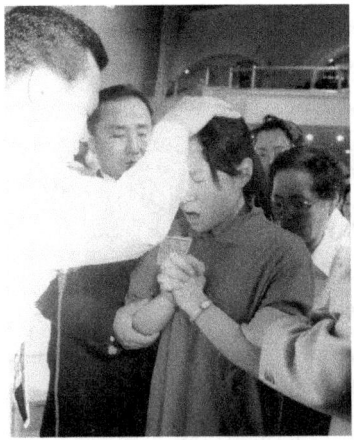

Hore: Prijatie modlitby na obrodzovacom stretnutí v roku 1997
Dole: Rodina Heekyeong Songovej

Až dovtedy náš kostol konal dobré činy. Vykonávali sme veľa druhov služieb pre rozvoj kresťanských kostolov a tiež sociálnu prácu. Nikdy sme spoločnosti nespôsobili žiadny problém.

Mnoho rodín, ktoré boli na pokraji rozpadu v rozvode sa zmenili na šťastné rodiny. Toľko ľudí sa uzdravilo a teraz viedlo zdravé životy. Boli tu takí, čo do kostola prvýkrát prišli ako chudobní, ale keď žili v Božom slove, dostalo sa im finančného požehnania a žili bohatými životmi.

Verejná vysielacia stanica nemala nijaký záujem o uverejnenie dobrej práce kostola. Mysleli si, že všetky veľké kostoly majú problémy, a to, čo sa dialo, sa dalo prirovnať k honu na čarodejnice.

Ak im niekto podstrčí falošné informácie, a oni napíšu scenár a odvysielajú ho bez ohlásenia pravdy, je to veľká hrubosť. Vysielacia stanica, ktorá by vytvorila takýto jednostranný program, sa proste vymyká chápaniu. Nezrelé činy niektorých členov kostola mi však pravdaže tiež spôsobili mnoho ťažkostí.

Jediná vec, ktorú som mohol robiť, bolo meditovať o Ježišovi, ktorý ticho prijal kríž. Mohol som sa len postiť a modliť sa so slzami pred Bohom, ktorý vie všetko.

V mojej kázni som nikdy nespomenul mená tých, čo vytvorili toľké falošné správy a poskytli falošné svedectvá.

Bol som vážne očiernený, ale ak by som bol odhalil ich viny, bolo by pre nich veľmi ťažké vrátiť sa späť. Chcel som teda zobrať vinu len na seba. Pracovníci kostola však mali pocit, že by to veľmi sťažilo uskutočnenie misionárskej práce, ak by pravda nebola preukázaná. Zažalovali vysielaciu stanicu.

V máji 1999, po odvysielaní programu „Producer's Note", bol Rev. Jongman Lee, prezident a predstaviteľ Misijnej organizácie pre obnovenie svetového kresťanstva, taký prekvapený, že prišiel do nášho kostola. Je jedným z vedúcich pastorov Kórey a dobre známym buditeľom, zvyčajne však veľmi neprichádzal do kontaktu s naším kostolom.

Prišiel len preto, lebo po zhliadnutí tohto televízneho programu vedel, že som bol nespravodlivo obvinený. Vydal prehlásenie s názvom „Požadujeme spravodlivé vysielanie". Tu je úryvok z tohoto prehlásenia.

„... keď spomíname náboženstvo, musíme dbať, aby sme neporušili jedinečné vlastnosti a význam tohoto náboženstva. Predovšetkým vysielacie stanice si musia priznať fakt, že nemajú schopnosť rozhodovať v náboženských záležitostiach, a to najmä v dišputách o kacírstve. Jediné, čo vysielacia stanica môže urobiť, je odvysielať tvrdenia oboch strán spravodlivým spôsobom..."

Nedávne vysielanie MBC (Vysielacia spoločnosť Munhwa) však túto hranicu prekročilo. Náboženské záležitosti treba riešiť použitím vhodných a prijateľných metód štúdia a vedy.

Program MBC však takýto prístup ignoroval. Spoľahli sa len na názory určitých ľudí, ako keby to bol názor väčšiny.

Tlač narušuje náboženstvo a bráni mu vo vykonávaní svojej vlastnej misie a povinností tým, že súdi náboženstvo nenáboženskými štandardmi.

Neskôr Rev. Jongman Lee povedal v interview pre tlač:

„Myslím, že tento incident sa udial preto, lebo tí, čo sa správali voči duchovnej ríši ignorantsky, nesprávne porozumeli Centrálnemu kostolu Manmin.

V dnešnej dobe zúfalo potrebujeme diela Ducha Svätého a božské zážitky. Ak však rozprávame o zážitkoch, mnohí ľudia si myslia, že je to čudné. Musíme vyliečiť toto ochorenie kórejských kostolov, súdiť a zavrhovať iných svojou vlastnou aroganciou a svojimi vlastnými štandardami.

Dôvod, prečo milujem Centrálny kostol Manmin, je že sa tam uskutočňuje mnoho diel Ducha Svätého. Myslím si, že Centrálny kostol Manmin je vedúci kostol, ktorý ukazuje najlepší príklad zažívania Ducha Svätého."

Sám som nikdy tento program nevidel, preto nepoznám jeho detailný obsah. Keď som však od našich pracovníkov počul, čo bolo odvysielané, vidím, že sú to len prekrútenia a spôsobuje mi to žiaľ.

Tak, ako predtým, tak ani teraz nemám žiadnu túžbu vymýšľať výhovorky alebo sa snažiť odhaliť, kto má pravdu, a kto nemá. Keď však hovorím o pravde, tí veriaci, ktorí uvažujú triezvo, si vytvoria správny úsudok.

Ľudia jednoducho veria verejným vysielacím spoločnostiam. Vysielanie je taká mocná vec. Ak producent odstrihne hlavu a chvost programu a upraví ho tak, ako sám uzná za vhodné, bude veľmi odlišný od pravdy originálneho materiálu. Dovoľte mi vysvetliť len niektoré veci, ktoré boli odvysielané v programe „Producer's Note".

Príbeh o Las Vegas

Vždy keď skončíme výpravu alebo obrodenie v iných krajinách, nechám ľudí, ktorí pripravovali aktivity, zobrať si nejaký čas na oddych. Keď sme skončili naše obrodenie v L.A., opýtal som sa ich, čo by chceli robiť. Väčšina z nich chcela vidieť Grand Canyon, pretože je to veľké dielo Boha Stvoriteľa. Aby sme sa tam dostali, museli sme prejsť cez Las Vegas.

Je tam veľa hotelov a v hoteloch sú kasína. Pre rodiny a staršie páry je to bežná vec, zabaviť sa hrami na automatoch na mince.

Vláda legalizovala hazardné hranie a Las Vegas sa stalo mestom turizmu. Väčšina turistov má tieto hry veľmi rado.

Samozrejme, niektorí do toho môžu spadnúť s veľkým množstvom peňazí, v súčasnosti je však hranie hier v kasínach súčasťou kultúry a druhom ľahkej zábavy.

Keď ideme na misijnú cestu, natáčame ju celú na video a celej kongregácii z nej potom prinesieme správu. Je to na vzdanie slávy Bohu. Keď som v Spojených štátoch dokončil obrodenie, vysvetlil som členom kostola, ako sme navštívili kasíno v Las Vegas a každý v kostole o tom vedel.

Stalo sa to, keď som bol v Las Vegas. Jeden z členov tímu navrhol, aby sme si zahrali zopár hier v kasíne. O kasínach som nevedel nič. Keď som si však inšpiráciou Ducha Svätého vybral automat a vložil doňho mince, vyšlo z neho veľa mincí. Pretože som veril, že môžem zvíťaziť nad strojom prostredníctvom viery, opakovalo sa to.

Hrali všetci členovia nášho tímu, väčšina z nich však prehrala. Keď prehrali zopárkrát, nezdalo sa im to viac zábavné, a tak ma pozorovali, ako hrám.

Kdekoľvek som si sadol, mince vychádzali viac ako desaťkrát po sebe. Boli veľmi prekvapení. Bola to tiež scéna, pri ktorej mohli vidieť, že viera dokáže kontrolovať dokonca aj stroje.

Keď som sa vrátil do kostola, rozprával som o tom členom kostola, aby som do nich zasadil vieru. Pravdaže, takýto typ hier by sa mal hrať pre zábavu a mal mať koniec. Nikdy by sme ich nemali hrať s cieľom získať nezarobený príjem.

Bola tam aj osoba, ktorá opustila kostol a zohrala vedúcu úlohu v celom vysielacom incidente. Táto osoba falošne svedčila, že som v kasíne prehral niekoľko desiatok tisícok dolárov. Program „Producer's Note" zverejnil dokument so záznamami, v ktorom sa údajne písalo „výdavky na hry". Spravili to tak, že to vyzeralo, ako keby ho vyrobil náš kostol. Náš kostol ho nikdy nevyrobil, bol to úplný podvrh.

Aby ma očiernili, odvysielali tento kúsok papiera, ako keby to bol skutočný dokument. Celý program upravili, aby to vyzeralo tak, že som prehral a prehajdákal veľkú sumu cirkevných peňazí hazardnými hrami. Ak by niekto prehral peniaze v hazardných hrách, prečo by to zdokumentoval, a kto by to už len zaznamenal ako „výdavky na hry"?

„Pastier" je biblický výraz

Biblia nám hovorí, že Ježiš je veľký Pastier (Židom 13:20), a Arcipastier (1. Petrova 5:4). Čo teda znamená pastier? V Jeremiášovi 3:15 sa píše: *„A dám vám pastierov podľa svojho srdca, a budú vás pásť umne a rozumne."* Pastieri budú živiť Božích ľudí vedomosťami a porozumením.

V tomto prípade sa pojem pastieri vzťahuje na tých, ktorý vedia Boží ľud veľmi dobre učiť.

Jeremiáš 23:2-4 hovorí: *„Preto takto hovorí Hospodin, Bôh Izraelov, o pastieroch, ktorí pasú môj ľud: Vy rozptyľujete moje stádo, zaháňate ich a nenavštevujete ich. Hľa, tedy ja navštívim nešľachetnosť vašich skutkov na vás, hovorí Hospodin. A ja shromaždím ostatok svojho stáda zo všetkých zemí, kam som ich zahnal, a navrátim ich na ich pastvisko, a budú sa plodiť a množiť. A postavím nad nimi pastierov, a budú ich pásť. A nebudú sa viacej báť ani sa nebudú desiť ani nebudú niktorý* *chýbať, hovorí Hospodin."*

Hovorí sa tam tiež, že tí, čo môžu pásť Boží ľud sú pastieri. Pastieri sú tí, ktorým stádo Pána – hlavy pastierov, verí, učia ho a pasú ho. Aj v dnešnej dobe je označenie pastora za pastiera vhodné a správne podľa Biblie.

Taktiež mnoho misijných organizácií alebo univerzitných misijných organizácií používa pojem „pastier" pre tých, čo učia študentov, napriek tomu, že nie sú vysvätení za pastorov. Len preto, že niektorí ľudia nazývajú pastora „pastierom", nemôžeme ich obviniť z toho, že ho zbožšťujú.

Nedorozumenia týkajúce sa služby zjednotenej s Duchom Svätým

Tí, čo odišli z kostola a spôsobili skúšky a trápenie, vytvorili absurdné dokumenty, v ktorých sa uvádza, že som povedal, že som Boh, a že som učil o Bohu ako o štyroch osobách.

Nemohol som si pomôcť, bol som z toho ako obarený, keďže o Bohu kážem len ako o Trojici a vždy hovorím, že všetko, čo je v Biblii je pravdivé.

Pretože náš kostol preukazuje silné diela Ducha Svätého, nepriateľ diabol a Satan nás nenávidia a snažia sa nás zničiť. Ešte aj dnes sú ľudia, ktorí šíria zlomyseľné správy, že som vraj povedal, že som Boh alebo že som Duch Svätý.

Moje učenie je, že ak sa zbavíme všetkých foriem zla horlivými modlitbami, a ak sa staneme podobnými bezúhonnému a nepoškvrnenému Božiemu srdcu, môžeme získať Božiu moc, môžeme tiež byť zjednotení s Duchom Svätým a preukazovať silné diela Ducha Svätého.

Ježiš tiež rozprával o bytí zajedno s Bohom

V Jánovi 17:21-22 Ježiš povedal: „*Aby boli všetci jedno, jako si ty, Otče, vo mne a ja v tebe, aby aj oni boli v nás jedno, aby svet uveril, že si ma ty poslal. A slávu, ktorú si mi dal, dal som ja im, aby boli jedno, jako sme my jedno.*“

Predstavte si, že výkonný riaditeľ povie svojim zamestnancom, aby s ním boli zjednotení v jedno. Znamená to, že by spoločne s ním mali mať jednu vôľu a jednu myseľ. Neznamená to, že sa zamestnanci stanú výkonným riaditeľom.

Ako by som si niekedy mohol vôbec len predstaviť povedať, že som Boh alebo Duch Svätý! Moje pravé srdce je možno vidieť tiež v mojich predchádzajúcich kázňach.

„**Počúvam toľko vecí. Pretože sa deje toľko divov, zázrakov a výnimočných javov, počúvam, že sa niektorí ľudia obávajú, že sa začneme volať Bohom. Bratia a sestry, aj vy takto rozmýšľate?**
Keď som bol chorý počas dlhých siedmich rokov, opustila ma moja rodina a moji rodičia. Boh ma však v momente uzdravil. Modlil som sa a verne pracoval len pre Boha. Aj moja rodina vedie zasvätený život pre kráľovstvo a spravodlivosť Božiu.

Veľmi dobre viete, že všemohúci Boh bol so mnou, aby nám ukázal toľké divy a zázraky a výnimočné javy. Koľkí z vás tu cezo mňa zažili všemohúce ruky Boha?
Niektorí z vás dostali z nemocnice rozsudok smrti. Niektorí z vás boli chromí, niektorí ste mali mozgovú

obrnu a toľko ochorení, boli ste však uzdravení skrze modlitbu a stali sa zdravými. Vaše rodiny boli evanjelizované.

Tiež ste opustili svet, vyháňate hriechy a temnotu, postíte sa a modlíte sa celú noc, aby ste žili podľa Božieho Slova. Bežíte beh viery s nádejou v nebeské kráľovstvo.

Prečo by som sa mal teda stať samozvaným Bohom? Je to nepredstaviteľné. Je toľko posolstiev, ktoré som hlásal, ako „Posolstvo kríža", kde svedčím, že žijem len pre Božiu slávu.

Všetku slávu som vždy vzdával Bohu. Mohol by som sa len tak v momente zmeniť a stať sa rovným Bohu, nášmu Pánovi? Mohol by som poprieť Bibliu?

Sú ľudia, ktorí hovoria takéto nepredstaviteľné veci. Ak sa o mňa takto obávajú, vedia ako vážne ma urážajú? Ako by sa taká vec mohla vôbec niekedy stať? Drahí bratia a sestry v Kristovi, v žiadnom prípade by ste nikdy nemali hovoriť alebo si myslieť takúto vec.

Nesmiete si takúto vec ani predstaviť. Ak sa sa niekedy nazvem Bohom, prosím vás všetkých, aby ste ma zavrhli a odišli z tohoto kostola. Je len jeden Boh.

Len Ježiš Kristus sám je naším Spasiteľom. Boh je Otec, Syn a Duch Svätý, Boh Trojica. Veríme v 66 kníh Biblie. Pravdaže, to nie vy, členovia, ste tí, čo hovoria takéto veci. Toto spomínam len preto, lebo aj ja sám som počul takéto správy."

(Úryvok z kázne 31. júla 1998, Učenie o Prísloviach.)

Počul som, že v programe „Producer's Note" hovorili, že som

sa vraj staval na úroveň Boha. Dôkaz, ktorý k tomu poskytli, bola scéna, pri ktorej sa niektorí členovia kostola predo mnou klaňali. Je za tým takýto príbeh.

V roku 1998 Boh otvoril duchovné oči mnohých členov kostola a dovolil im veľa duchovných zážitkov. V piatok, 15. mája, som mal narodeniny. Slávili sme ďakovnú bohoslužbu, ktorú viedla Misia žien nášho kostola.

Bolo to ráno a počul som, že na nebi sa objavila veľmi jasná dvojitá kruhová dúha. Po bohoslužbe som vyšiel von a videl som túto veľkú kruhovú dúhu.

Od tohoto dňa sa často stávalo a stáva, že nám Boh pri cirkevných udalostiach ukazuje kruhové dúhy. Je to znak Božej lásky, v ktorom nám hovorí, že je s nami.

Dúha nebola jedinou vecou. Mnoho členov kostola videlo svetlá duchovnej ríše a vo vzduchu zlatý a strieborný prášok, ktorý rozsievali anjeli. Niektorí z nich tých anjelov videli. Usilovne pozerali hore na nebo na kostolnom nádvorí.

Je veľký rozdiel v schopnosti a neschopnosti vidieť duchovnú ríšu. Členovia kostola si navzájom rozprávali, čo videli. Bol piatok a o 11. večer sa začínala piatková celonočná bohoslužba. Počas prvej časti slúžime pobožnosť a v druhej časti venujeme čas chválam, pobožnosti a modlitbe.

Osoba, ktorá viedla chvály v druhej časti sa zrazu predo mnou poklonila. Tí, ktorí nepoznajú kórejské zvyky, by mali vedieť, že v Kórei je bežné vyjadrovať vďaku alebo rešpekt tzv. „veľkým úklonom". Používa sa ako zvyk predovšetkým pri klaňaní sa rodičom alebo v minulosti pánovi či majstrovi. Stalo sa to v momente.

Vedúca chvál v ten deň povedala, že sa predo mnou na moje narodeniny poklonila z vďaky za to, že som ju pozdvihoval slovom života až do toho dňa. Keď sa vedúca chvál poklonila, začali sa mi klaňať aj starší kostola. Ja som pravdaže rozumel ich srdciam. Bola to ich vďaka a rešpekt k svojmu pastierovi, ktorí ich učil milosti Božej.

Veľmi som sa hanbil a pokúšal som sa ich zastaviť. Bolo to prvýkrát v histórii kostola, čo sa to stalo. Tá, ktorá primäla ostatných, aby tak spravili, neskôr opustila kostol. Bola to tá, čo spôsobila všetky skúšky.

Poklonili sa mi nie preto, lebo mi slúžili ako Bohu, ale ako znak ich vďaky ku mne, ako ich pastierovi, za to, že som ich pozdvihoval Božím Slovom.

Vysielacia stanica však neodkryla ani nevysvetlila nič z úprimného dobra, ktoré sa za tým nachádzalo. To, čo ukázali, bolo upravené takým spôsobom, že to naznačovalo, že sa mi páčilo, keď ma uctievali, a vykreslilo ma to ako kultového vodcu.

Biblia je plná úžasne záhadných vecí

Program „Producer's Note" spolupracoval s Kórejským kresťanským výborom (CCK) a odvysielal, že náš kostol je kacírska sekta, ktorá upadla do mysticizmu. Výbor CCK pre kacírstvo a ochranu proti kultom rýchlo zavrhol náš kostol ako kacírsky, na základe materiálov, ktoré im poskytli tí, čo odišli z nášho kostola.

Výbor spomenul incident s Ježišovou cirkvou svätosti, ktorý sa odohral v roku 1990. V prvej časti knihy „Môj Život, Moja Viera" som už presne vysvetlil, čo sa stalo. V skratke, Ježišova cirkev svätosti v tom čase zneužila svoju právomoc odsúdiť a exkomunikovať ma.

Nechcem tu teraz zaberať čas objasňovaním falošnosti pohovorov a to, kto mal pravdu, a kto nemal. Chcem však objasniť to, čo mysleli pod mysticizmom.

Od začiatku 1. Mojžišovej knihy až po knihu Zjavenia je Biblia plná tajomného obsahu. Boh je duch a existuje v štvrtej dimenzii, čo je duchovná ríša. Napísal Bibliu cez Svojich vyvolených, prorokov a apoštolov, ktorí boli na to v Jeho očiach správni.

Proroci a apoštoli dostali Božie srdce inšpiráciou Ducha Svätého a napísali ho. Sú niečo ako anonymní pisatelia, ale nie skutočnými autormi Biblie.

Predstavme si, že matka, ktorá žije na vidieku, je negramotná a poprosí jedného zo svojich susedov, aby napísal, čo chce povedať svojmu synovi. Jej sused je len anonymný pisateľ, a matka je skutočnou autorkou listu.

Biblia nás učí o Bohu, ktorý je duch. Učí nás o duchovnej ríši a stvoreniach Boha, ktoré vytvoril z ničoho. Biblia je plná vecí, ktorým ľudskou logikou nemožno porozumieť.

Boh zišiel na horu Sinaj, aby sa rozprával s Mojžišom, vrany priniesli Eliášovi chlieb a mäso, Peter utiekol z väzenia sprevádzaný anjelom a Ježiš príde opäť za zvuku trúb. Ako môžeme všetkému tomuto veriť rozumom a ľudskou logikou?

V 2. knihe Mojžišovej 19:18-19 sa píše: *„A vrch Sinai sa celý kúril, pretože naň sostúpil Hospodin v ohni, a jeho kúr vystupoval ako kúr pece, a triasol sa celý vrch, veľmi. A kým zvuk trúby veľmi mohutnel, viac a viac, Mojžiš hovoril, a Bôh mu odpovedal hlasom.“*

„Potom si [Eliáš]ľahol a usnul pod nejakým jalovcom. A hľa, toď, anjel sa ho dotkol a riekol mu: Vstaň, jedz! A keď sa podíval tu hľa, pri jeho hlave bol koláč, pečený na uhlí, a nádoba vody. A keď pojedol a vypil, zase si ľahol. A anjel Hospodinov sa vrátil podruhé a dotkol sa ho a riekol: Vstaň, pojedz, lebo máš priveľkú cestu

pred sebou. Vtedy vstal, pojedol a vypil a išiel v sile toho pokrmu štyridsať dní a štyridsať nocí až na vrch Boží Horeb" (1. kniha kráľov 19:5-8).

„A tu hľa, anjel Pánov sa postavil k nemu, a svetlo sa zablesklo v príbytku. A uderil Petra do boku, zobudil ho a povedal: Vstaň rýchle! A jeho reťazi mu spadly s rúk. A anjel mu povedal: Opáš sa a podviaž si svoje sandále! A urobil tak. A povedal mu: Hoď na seba svoj plášť a poď za mnou!" (Skutky 12:7-8)

„Lebo sám Pán s veliteľským povelom, s hlasom archanjela a s trúbou Božou sostúpi s neba, a mŕtvi v Kristu vstanú najprv" (1. Tesaloničanom 4:16).

V dnešnej dobe, ak hovoríme o tejto duchovnej ríši, mnoho ľudí nás zatracuje, hovoriac, že sme upadli do mysticizmu. Je len málo kazateľov, ktorí učia poriadne o duchovnej ríši, a preto mnohí nemajú pravú vieru.

Ak aj ľudia chodia do kostola, mnohí z nich nezažili žiadne diela Ducha Svätého. Nemajú teda uistenie o spasení. Mnohí z nich neveria v nebo a peklo a páchajú hriechy rovnakým spôsobom ako neveriaci.

Interview týkajúce sa nútených milodarov

Jedna osoba, ktorá opustila náš kostol, poskytla interview, v ktorom povedala, že dávala príliš veľké milodary. Povedala, že jej podnik zbankrotoval a jej rodina bola bez peňazí.

Povedala, že keď zarobila veľa, jej príjem bol až 6 miliónov wonov (asi 6 000 dolárov) a väčšinu z toho dala na milodary. Keď sme však prehľadali záznam o milodaroch, zistili sme, že to bola totálna lož.

Podľa jej detí a zamestnancov jej podniku mala veľa dlhov. Nebolo to kvôli milodarom, ale kvôli jej osobným záležitostiam. Viac ako polovicu svojho príjmu musela utratiť na úrok z dlhu. Keďže sa jej dlh postupom času zväčšoval, nakoniec zbankrotovala.

Jej syn vedel, že matka v interview svedčila falošne, podľa plánu tých, čo spôsobovali kostolu problémy. On s ňou však v tomto nemohol byť za jedno.

Pred tým, než sa toto stalo, som raz počul, že táto rodina mala finančné problémy a ja osobne som im vypomohol značnou sumou peňazí. Napriek tomu však kostol opustila s tými, ktorí na nás uvrhli skúšky a poskytla falošné svedectvo. Mohol som kvôli tomu za ňu len žialiť.

Pomáhal som tým, čo mali finančné problémy tak, že som ušetril na svojich vlastných výdavkoch. Keď ma títo ľudia zradili a milosť odplatili zlom, mal som v srdci toľko bolesti.

Nelegálne video s ukrytými kamerami

V máji 1999 bola diakonka Hyeonju Kimová, jedna z členiek nášho kostola, užasnutá, keď sama seba videla v interview programu „Producer's Note". Bola vtedy v piatom mesiaci tehotenstva a veľmi ju to šokovalo.

Koncom apríla 1999 diakonka Kimová dostala telefonát od pani, ktorú nikdy predtým nestretla. Táto žena povedala, že od nej potrebuje nejakú pomoc. Zo súcitu s touto pani sa s ňou diakonka Kimová stretla. V živote by si nebola predstavila, že ju táto pani bude nakrúcať skrytou kamerou.

Vytvorili si falošné identity, spýtali sa niekoľko počiatočných otázok a potom záznam upravili, aby vo svojom programe odvysielali niečo veľmi odlišné od pravdy.

Diakonka Hyeonju Kimová prišla do nášho kostola koncom apríla 1998 až z Francúzska. Chcela, aby bol jej syn Joonsu uzdravený prostredníctvom viery. Jej syn kvôli spomalenému rastu mozgu vždy plakal. Zúčastnila sa obrodzovacieho stretnutia a prijala moju modlitbu. Odvtedy Joonsu prestal plakať a jeho zreničky sa upravili do normálu.

Diakonka Hyeonju Kimová zažila božské uzdravenie a vrátila sa späť do Francúzska, kde jej manžel študoval. Keď štúdium dokončil, vrátili sa do Kórey a začali chodiť do nášho kostola.

Diakonka Kimová v roku 1999 opäť otehotnela, a ich prvý syn Joonsu, ktorý sa narodil s poruchou, odišiel do neba. Duchovne to bolo pre Joonsua skôr požehnaním, byť zachránený a ísť k Pánovi, ako trpieť na tejto zemi.

Pár si uvedomil, že to bola Božia láska, že si zobral ich syna a dal im ďalšie dieťa. Neboli preto smutní, ale pokračovali vo svojom kresťanskom živote s vďakou.

Diakonka Kimová vyrozprávala svoje svedectvo o tomto šťastnom živote, ktorý žila a nabádala pani, aby prijala Pána. Nič z tohto obsahu však nebolo odvysielané. Pri toľkých podstatných otázkach a úpravách s určitým zámerom, vysielanie vyznelo tak, akoby tento pár žil vo veľmi nešťastnom živote a vo veľkom zúfalstve.

Spomenul som len niekoľko vecí z vysielania o našom kostole. V skutočnosti však žiadnu z nich vlastne nechcem spomínať. Ak by som mal vysvetliť všetko, čo bolo odvysielané v programe „PD's Note", zabralo by to veľa kníh.

Ak sa však pozrieme len na niekoľko príkladov, vidíme, ako sa pravdivá situácia stáva klamstvom. Zo strany médií to bol priestupok, tým že odvysielali niečo, čo úmyselne upravili tak, aby to vyzeralo ako pravda. V skutočnosti to bolo náboženské prenasledovanie.

Niektoré časti som vysvetlil s nádejou, že už nikto nebude musieť rovnako trpieť kvôli takémuto vysielaniu. Ak by sa niečo podobné predsa stalo, išlo by tiež o vážne hanobenie osoby.

Žiadosť o záznam o námietke

Náš kostol čelil kvôli odvysielaniu lží nepredstaviteľnému rozsahu škody, a tak sme na Tlačovom dozornom výbore požiadali o prešetrenie. Vysielacia stanica však oznámila, že nemala najmenší úmysel zúčastniť sa tohoto prešetrenia. Požiadali sme teda na súde o záznam o námietke.

Záznam o námietke je šanca adresovať námietku alebo vysvetliť situáciu. Dáva sa strane, ktorá tvrdí, že kvôli tlačovej správe, ktorá bola uverejnená bez ozrejmenia pravdivosti záležitosti, utrpela škodu.

Je to šanca priniesť spravodlivosť a nestrannosť tým, ktorí čelia škode kvôli nepravdivým jednostranným tlačovým správam.

14. októbra 1999 vydal Južný súd Okresného súdu v Soule takéto rozhodnutie:

„MBC je povinná odvysielať námietku Kostola Manmin

교회연합신문

"MBC는 만민중앙교회 반론을 보도하라"

서울지법남부지원 판결 MBC 보도내용 대부분 사실 아닌 것으로 해석

기독교연합신문
1999년 11월 7일 (일)

"MBC, 만민교회 반론 보도" 판결

남부지원, 총 14회 걸쳐

서울지방법원 남부지원(재판장:변종후부장판사)는 최근 MBC에 대한 만민중앙교회의 반론보도청구 소송결과에서 "MBC의 방송과 기사를 통해 정해진 시간과 프로그램, 방송순서 및 시간에 따라 만민교회의 반론을 보도하라"는 28일 밝혔다.

총 7회와 라디오, 6개 프로그램 중 총 14회의 '교회측 반론'을 보도한다는 이번 판결은 만약 '이를 이행하지 않을 경우 1건당 다음날부터 1천만 원' 배상키로 했다.

99년 11월 7일

기독교신문

종교관련 한건주의식 선정

만민중앙교회 관련 반론보도

2001년 8월 31일 금요일

조선일보

"MBC PD수첩 만민중앙교회 방영금지 가처분조치 정당"

헌법재판소 결정

99년 MBC 'PD수첩'이 방영하려던 만민중앙교회와 관련한 프로그램에 대해 교회측의 방영금지 가처분신청을 법원이 받아들인 것은 합헌이라고 헌법재판소가 30일 결정했다.

제보에만 근거, 적절한 확인절차 없이 방송
남아있는 명예훼손등 소송에 영향 미칠 듯

國民日報
1999년 10월 28일 목요일

MBC 만민중앙교회 관련
반론보도 14건 대거 방송

MBC가 만민중앙교회 이재록 목사에 대한 비리의혹 보도와 관련, 30일까지 방송사상 가장 많은 14건의 반론보도문을 내보낸다. 26일 'PD수첩', 27일 '화제집중, 생방송6시' 첫머리에 반론보도문을 내보낸데 이어, 28일부터 '뉴스데스크' 등 5개 TV 뉴스 프로그램, '아침 종합뉴스' 등 6건의 라디오 프로그램에 이를 방송한다.

Joong-ang (centrálny), a to v súlade s predpísaným časom, programom, postupmi a metódami spomínanými v prílohe, dokopy štrnásťkrát v trinástich programoch, vrátane siedmich televíznych programov a šiestich rozhlasových programov."

Súd tiež rozhodol, že:

„Ak MBC neposlúchne toto rozhodnutie, bude musieť odo dňa nasledujúceho po vypršaní lehoty až po naplnenie rozhodnutia, zaplatiť 5 miliónov wonov denne za každý jeden záznam o námietke, ktorý majú odvysielať."

Súd tiež rozhodol, že:

„Ak MBC neposlúchne toto rozhodnutie, bude musieť odo dňa nasledujúceho po vypršaní lehoty až po naplnenie rozhodnutia, zaplatiť 5 miliónov wonov denne za každý jeden záznam o námietke, ktorý majú odvysielať."

Vo svojej závisti vodcovia zrádzajú Ježiša

Ježiš kázal len evanjelium kráľovstva nebeského, uzdravil ochorenia toľkých ľudí a daroval život mnohým. Pretože však preukazoval Božiu moc, ako napríklad uzdravovaním slepých, čo je niečo, čo človek sám nedokázal vykonať, farizeji, zákonníci a vodcovia naňho žiarlili a očierňovali Ho.

Ján 10:20 hovorí: *„A mnohí z nich hovorili: Démona má a blázni; čo ho počúvate?"* Ježiš vykonával len dobré diela, ale pretože to boli diela Božej moci, zavrhli Ho, hovoriac, že je bláznivý.

Taktiež keď Ježiš uzdravil človeka, čo bol slepý a hluchý kvôli démonovi, farizeji v Matúšovi 12:24 povedali: *„Ale keď to počuli farizeovia, povedali: Tento nevyháňa démonov, iba Belzebúbom, kniežaťom nad démonami. "*

Vyháňal Ježiš démonov Belzebúbom? Rozprávali množstvo takýchto lží, aby zabili Ježiša. Veľa ľudí Ho očierňovalo a pokúšalo sa pošpiniť Jeho meno.

Aj apoštol Pavol preukazoval Božiu moc mimoriadnymi javmi, a bol takisto zatracovaný ako vodca sekty Nazarejov (Skutky 24:5). V Skutkoch 26:24 čítame, že aj o ňom tvrdili, že bol bláznivý.

Pretože aj cezo mňa sa uskutočňujú diela a moc Ducha Svätého, nepriateľ diabol sa ma sústavne snažil zničiť.

Tí, ktorí žiarlili na zjavované Božie diela a rast kostola, rozšírili množstvo falošných správ v pokuse zatratiť ma ako kacíra.

Kostol založený na skale sa nemôže zrútiť

Po vysielacom incidente si veľa ľudí myslelo, že náš kostol zatvoríme.

V podstate to bolo prirodzené. Od 11. do 22. mája 1999 sa náš kostol objavil vo vysielaní šesťdesiatsedemkrát, tridsaťtrikrát v televízii a tridsaťštyrikrát v rádiu. Vysielacia stanica zavrhla náš kostol použitím nepravdivých informácií, zdalo sa teda zjavné, že ľudia takto rozmýšľali.

Kostol postavený na skale sa však nemôže zrútiť, nech už by ním moc temna akokoľvek otriasala. Kostol založený Bohom udržuje On sám svojou mocnou pravou rukou.

Keď Ježiš vstupoval do Jeruzalema, Izraeliti Ho vítali a kričali Hosanna, náhle sa však zmenili na zástup, ktorý kričal, aby Ho ukrižovali.

Ježiša musel zradiť jeden z jeho učeníkov, ktorého miloval a učil. Keď Ježiša zatkli, všetci Jeho učeníci utiekli. Ako sa Ježiš cítil, keď videl svojich učeníkov utekať zo strachu, že by sa im mohlo niečo stať?

Možno ich ľutoval, ale určite k nim necítil žiaden druh nenávisti alebo sklamania. Ani ja som necítil nijakú nenávisť ani nevôľu voči tým, čo ma zradili a zaútočili na mňa.

Spáchali neprávosť a činy tela, ktoré je veľmi ťažké odpustiť, ja som im však znovu a znovu odpúšťal bez odhalenia ich chýb.

Predstierali, že sú dobrými ovečkami, v tajnosti však spriadali úklady, ako by ma zničili. Pokúšali sa zničiť mňa aj kostol. Napriek tomu, že som nenávidel ich hriech, necítil som nenávisť voči nim samotným. Len som sa modlil so žiaľom a slzami, že by nikto z nich nespadol na cestu zatratenia, ale kajal sa a obrátil sa späť k získaniu spasenia.

Keď som prechádzal cez sériu takýchto incidentov, cítil som sa v srdci tak, ako sa cítil Boh, keď sa Jeho milovaný archanjel Lucifer stal arogantným a zradil Ho. Cítil som srdce Ježišovo, keď Ho zradil Judáš Iškariotský. Je ťažké zniesť stratu a bolesť už len keď vás podvedie a opustí priateľ či priateľka.

Ježiš povedal: *„Čo sa narodilo z tela, je telo, a čo sa narodilo z Ducha, je Duch"* (Ján 3:6), a my nemôžeme veriť telu, lebo telo sa mení. Keď vyženieme z nášho srdca telo, ktoré je nepravdou, a zmeníme ho v ducha, pravdu, môžeme mať pravdivé srdcia a dokonalú vieru bez hriechu.

Keď som prechádzal týmito tromi skúškami od roku 1998 až do roku 1999, mal som viac času rozjímať nad Ježišom, ktorý pokorne vyšiel na Golgotu a prijal kríž.

Nikdy sa nepokúšal dokázať Svoju nevinu, a to, že bol nespravodlivo obvinený. Prijal toľko bolesti a utrpenia, len aby naplnil Božiu prozreteľnosť. Vo veľmi malom rozsahu som dokázal precítiť, aká hlboká bola Pánova poslušnosť a láska.

Kapitola 4

Keby som len mohol plniť Božiu vôľu

Keď som dostal milosť

Pred tým, než som spoznal Boha, strávil som na lôžku 7 rokov. Na naliehanie mojej sestry som prišiel k oltáru Shinae Hyunovej. Bola to udalosť, ktorá mi zmenila život, takmer ako výmena zeme za nebo.

Pretože tam ľudia volali k Bohu, hanbil som sa stáť tam len tak sám. Nevedel som, ako sa mám modliť, ale aj tak som si kľakol. Oheň Božieho Ducha Svätého ma ihneď uzdravil. Kedysi ma volali „chodiaci obchod s chorobami", v momente som bol však očistený od všetkého zlého. Ochorenia zmizli. Bol som úplne zdravý človek.

Aj keď to nebolo modlitbou staršej diakonky Shinae Hyunovej, bol som v tom kostole uzdravený a bol som taký vďačný! Kedykoľvek som kázal na obrodzovacom stretnutí, hovoril som o tejto príhode, keď som stretol môjho Boha, ktorý sa ma dotkol a uzdravil ma.

Teraz je už po smrti, predtým však Shinae Hyunová niekoľkokrát navštívila náš kostol na vozíčku. Niekedy ma požiadala, aby som jej rôznymi spôsobmi pomohol a ja som nikdy neodmietol. Niekedy som kvôli tomu musel čeliť ťažkostiam, vždy som sa však snažil najlepšie ako som vedel, aby som jej pomohol.

Od momentu, keď som sa stal novým veriacim, až kým som otvoril kostol, slúžil som rôznym pastorom a aj dnes im pri rôznych príležitostiach preukazujem veľkú vďaku. Vždy som tiež veľmi vďačný pastorovi Taekguovi Sonovi, ktorý bol mojím profesorom v seminári a v tom čase tiež prezidentom Ježišovej (zjednotenej) cirkvi svätosti. Kvôli zaneprázdnenosti ho nemôžem sám navštíviť, vždy však pošlem svoju ženu alebo iných pracovníkov kostola, aby každoročne odovzdali moje pozdravy.

Je dôležité odplácať milosť, ktorú dostávame od iných ľudí. Ešte dôležitejšie je vzdávať vďaku za milosť Božiu. Ako a čím by sme kedy mohli odplatiť Božiu lásku a milosť?

Boh hovorí, že bude milovať tých, čo Ho milujú a tí, čo Ho hľadajú Ho nájdu (Príslovia 8:17). Držal som sa tohoto verša, najprv miloval Boha a snažil sa ísť všade tam, kde Ho bolo možné nájsť.

Pretože Boh je svetlo, musíme vyjsť do svetla, aby sme Ho stretli. Pretože On je dobro, musíme aj my konať dobro. Pretože je láskou, môžeme Ho stretnúť, keď máme duchovnú lásku.

Milovať Boha, znamená dodržiavať Jeho prikázania a do takej miery, do akej žijeme podľa Jeho slova, nás On bude milovať.

Tak, ako smädný jeleň prahne po vode, bolo mojím najväčším potešením porozumieť v hĺbke svojho srdca Božiemu slovu a poslúchať ho. Vždy som bol celým svojím bytím naplnený zmyslom pre povinnosť a zodpovednosť väčšmi naplniť Božie kráľovstvo a spravodlivosť.

Moc mocí

Po tom, čo som vierou, poslušnosťou a láskou prekonal tieto tri skúšky, Boh ma viedol do hlbších úrovní Svojej moci. Bolo by pre mňa bývalo jednoduchšie vzdať sa svojho života, ako prejsť týmito tromi skúškami.

Abrahám sa stal otcom viery, tým, že zložil skúšku svojej poslušnosti ponúknutím zápalnej obety zo svojho jediného syna Izáka. Podobne sa Boh tešil zo mňa, keď som prešiel týmito tromi skúškami a požehnal ma väčšou mocou ako predtým.

Ján 14:12 zachytáva tieto Ježišove slová: *„Ameň, ameň vám hovorím, že ten, kto verí vo mňa, skutky, ktoré ja činím, bude aj on činiť, a ešte aj väčšie ako tie bude činiť, lebo ja idem k svojmu Otcovi.“* Znamená to, že ak úplne žijeme v slove, budeme jedno v duchu s Bohom Otcom a budeme schopní vykonávať mocné diela, ktoré vykonával Ježiš.

„Raz hovoril Bôh, dva razy som to počul, že Bohu je sila“ (Žalm 62:12). Ako bolo povedané, nepriateľ diabol nemôže

konať s mocou, ktorá patrí Bohu. Pretože sú to duchovné bytosti, podnecujú ľudí, aby sa postavili proti Bohu. Nedokážu však ani len napodobniť Božiu moc. Moc riadiť život, smrť, šťastie a nešťastie človeka, moc spravovať históriu ľudstva a vytvoriť veci z ničoho, je moc, ktorá patrí výlučne Bohu. Napriek tomu túto moc môžu preukazovať tí, ktorí patria Bohu, ktorý je svetlo, ktorí žijú v tomto svetle, ktorí sa stali posvätenými, a ktorí dosiahli určitú mieru viery v Ježiša Krista.

Rozdiel medzi právomocou, mocou a autoritatívnou mocou

Vo všeobecnosti, keď rozprávame o Božej moci, zvyčajne používame pojmy právomoc, moc, autoritatívna moc a zamieňame ich jeden za druhý s rovnakým významom. Sú medzi nimi však rozdiely. Moc znamená robiť veci, ktoré sú pre človeka nemožné, ale pre Boha sú možné.

Právomoc je vznešená a slávna sila udelená od Boha. Aby sme v sile v duchovnej ríši nemali žiadny hriech. Preto môžeme povedať, že právomoc je svätosť sama. Tie deti Božie, ktoré vyháňajú hriech a nepravdu zo svojich sŕdc a posväcujú sa, dostanú duchovnú právomoc.

A teraz, čo je to autoritatívna moc? Je to moc Božia spoločne s právomocou, ktorú Boh dáva tým, ktorí sa zbavili všetkých foriem hriechu a stali sa posvätenými. Je to moc a právomoc dokopy. My keď však hovoríme o autoritatívnej moci, zvyčajne len jednoducho použijeme slovo „moc". Táto autoritatívna moc má moc vyháňať nečistých démonov a moc uzdraviť všetky ochorenia a telesné chyby.

Telesné chyby nie sú len jednoducho choroby. Ide o paralýzu alebo degeneráciu funkcií častí tela, takže človek nemôže vykonávať bežné aktivity. Telesné chyby nemožno uzdraviť schopnosťami človeka. Patria sem stavy ako slepota, hluchota, nemota a rôzne iné paralytické postihnutia.

Rozdiel medzi darom uzdravovania a darom moci

Ľudia si väčšinou myslia, že dar uzdravovania a Božej moci je to isté. Sú však navzájom veľmi odlišné. Dar uzdravovania spomínaný v 1. Korinťanom 12:9 sa týka spaľovania baktérií a ochorení.

Týmto darom uzdravovania nemôžeme vyliečiť degenerovanú časť tela alebo učiniť, aby ten, čo nepočuje, počul, alebo dať reč tomu, čo nedokáže hovoriť, a to kvôli mŕtvym nervom. Tieto postihnutia však možno uzdraviť, keď sa človek, ktorý dostal Božiu moc, modlí s vierou.

Keď nám raz bola daná Božia moc, bude fungovať neustále. S darom uzdravovania to tak však nie je. Dar uzdravovania môže človek dostať bez ohľadu na to, či je posvätený alebo nie. Dostávajú ho tí, čo s láskou k dušiam nahromadili veľa modlitieb, alebo tí, čo sú statoční a Boh ich môže použiť.

Moc Boha, ktorý je svetlo, však môže získať len človek, ktorý je posvätený. Keď ju raz prijmeme, už viac nezoslabne ani nezmizne. Čím viac pripomíname Pánovo srdce, tým väčšiu moc získame a tým väčšie diela sa budú diať.

Veľmi vážne alebo nezvyčajné ochorenia nie je ľahké uzdraviť len s darom uzdravovania. Je to ešte ťažšie, keď má chorý človek málo viery. Avšak s Božou mocou, ak človek preukáže čo len trochu viery, to bude fungovať. Vierou tu nemáme na mysli intelektuálnu vieru, ale duchovnú vieru.

Štyri úrovne moci Boha, ktorý je svetlo

Boh mi umožnil porozumieť, že Jeho moc má rôzne úrovne. Môžeme prijať alebo vstúpiť do vyšších úrovní Jeho moci, v závislosti od množstva pravdy, ktorá sa vypestovala v našich srdciach.

„Ale vám, ktorí sa bojíte môjho mena, vyjde slnce spravedlivosti, a lekárstvo bude na jeho krýdlach; vyjdete a budete poskakovať ako vykŕmené teľatá" (Malachiáš 4:2).

Tí, ktorým sa otvorili duchovné oči, vidia svetlá podobné laserovým lúčom, ktoré padajú dole a uzdravujú ochorenia.

Prvá úroveň Božej moci je moc spojená s červeným svetlom. Je to svetlo ohňa Ducha Svätého, ktorým sú spaľované ochorenia. Ohňom Ducha Svätého táto úroveň moci spaľuje ochorenia, ktoré sú spôsobené baktériami a vírusmi. Touto mocou je možné vyliečiť tiež rakovinu, tuberkulózu pľúc, cukrovku, leukémiu, ochorenia srdca, artritídu, AIDS a iné nevyliečiteľné ochorenia.

Prvá úroveň moci však nedokáže vyliečiť všetky ochorenia. V prípade posledného štádia rakoviny alebo tuberkulózy pľúc, ak pacient prejde hranicou života v tele, stanovenou Bohom, je ťažké takéto ochorenie vyliečiť prvou úrovňou moci. Ak sú poškodené telesné orgány alebo tkanivá a stratili svoje funkčné schopnosti, už to viac nie je len záležitosť baktérií. Telo si musí vytvoriť a zregenerovať nové tkanivá a orgány. Na toto potrebujeme vyššiu úroveň moci.

Ale aj v takomto prípade, ak sú chorý a jeho rodina zjednotení v láske a preukážu svoju vieru, Božie dielo sa uskutoční. V našom kostole sa počas jeho skoršieho obdobia udialo mnoho javov patriacich do prvej úrovne moci.

Druhou úrovňou moci je moc vyháňať moc temnoty. Spája sa s modrým svetlom. S touto úrovňou môžeme zvyčajne vyhnať temnotu z tých, ktorí sú posadnutí démonom a prijímajú diela Satana.

Táto druhá úroveň moci dokáže tiež uzdraviť mentálne poruchy alebo problémy nervového systému, vrátane autizmu, neurózy, schizofrénie, nervového zrútenia a chronickej mentálnej a fyzickej únavy z depresie. Tieto druhy chorôb sa vo všeobecnosti prejavujú medzi tými, čo prechovávajú intenzívnu nenávisť voči iným, a tými, čo v sebe nazhromaždili zlé pocity, nízku sebaúctu a prchkosť.

Druhá úroveň moci teda uzdravuje mnoho druhov ochorení, spôsobených mocou temnoty. Moc temnoty tiež odíde z rodín, firiem a pracovísk. Je možné tiež oživiť mŕtvych alebo zobrať niekomu ducha.

Apoštol Pavol oživil Eutycha (Skutky 20:9-12). Peter, keď preklial Ananiáša a Zafíru, lebo podviedli Ducha Svätého, padli a zomreli (Skutky 5:1-11). Keď Elizeus preklial mladíkov, čo sa mu posmievali, vyšli dve medvedice a niekoľko z nich zabili (2. Kráľov 2:23-24). Tieto činy sa udiali cez druhú úroveň Božej moci.

Tretia úroveň moci sa prejavuje bielym alebo priesvitným svetlom. Vidíme ju v divoch a stvoriteľských dielach. Div je niečo, čo môžeme jasne vidieť očami, ako napríklad keď slepý začne vidieť, nemý hovoriť a hluchý počuť,
či chromý chodiť alebo uzdravenie paralyzovaných. Deformácie, postihnutia alebo celkom degenerované časti tiel

a orgánov sa zregenerujú. Zlomené kosti sa scelia a dokonca sa nanovo vytvoria chýbajúce kosti.

Štvrtá úroveň moci sa prejavuje zlatým svetlom a je to stupeň dokonalosti. Túto úroveň moci preukazoval Ježiš. Do tejto úrovne spadá moc ovplyvniť zmenu poveternostných podmienok a prejavuje sa zázrakmi. Predovšetkým je možné spustiť alebo zastaviť dážď. Na tejto úrovni je možné pohnúť oblakmi. Štvrtá úroveň Božej moci je schopná riadiť a kontrolovať všetky veci.

Ešte aj neživé objekty poslúchajú nariadenia pri štvrtej úrovni moci. Otrava oxidom uhoľnatým odíde od tých, čo boli otrávení týmto plynom. Páľava odíde od tých, čo sa spálili. Keď Ježiš preklial figovník, ktorý nerodil ovocie, okamžite uschol (Matúš 21:19). Keď pokarhal vietor a more, upokojili sa (Matúš 8:26).

Stromy, vietor, more a všetko, čo je v prírode, poslúcha slovo, ktoré Ježiš nariadil. Tak ako Boh stvoril nebo a zem Svojím slovom, keď prehovoril Ježiš, veci poslúchali a dialo sa tak, ako nariadil.

Ako sa píše v liste Židom 11:1, ak máme takúto dokonalú vieru, podstata vecí, v ktoré dúfame sa splní a budeme vidieť dôkazy o veciach nevidených. Budú sa uskutočňovať diela stvorenia vecí z ničoho.

Na štvrtej úrovni moci bude moc prekračovať hranice času a priestoru prostredníctvom len hovoreného slova. Boh chce dať Svoju moc všetkým Svojim drahým deťom, je však raritou nájsť človeka, ktorý by takýto stupeň dosahoval.

V Marekovi 7:24-30 prišla pred Ježiša žena, ktorá mala dcéru posadnutú démonom a požiadala ho, aby vyhnal démona z jej dcéry. Ježiš videl jej pokoru a vieru a povedal: *„Idi; démon vyšiel z tvojej dcéry "* (verš 29). Dcéra bola v tom okamihu v poriadku.

Keď sa žena vrátila domov, démon už od jej dcéry odišiel.

Ježiš nešiel na miesto, kde bola chorá osoba. Božia moc, ktorá siaha za hranice času a priestoru, sa uskutočnila len na Jeho nariadenie.

Výnimočné javy

V Skutkoch 19:11-12 je zaznamenané: „*A Bôh činil nevšedné divy skrze ruky Pavlove, takže i na nemocných odnášali s jeho tela znojníky alebo zástery, a odchádzaly od nich neduhy a vychádzali z nich zlí duchovia.*"

Tak, ako Boh uskutočnil mimoriadne zázraky cez apoštola Pavla, uskutočnil ich aj cezo mňa. Tak, ako v Pavlovom prípade, je moc svetla uložená vo vreckovkách, na ktorých sa modlím, a keď sa s nimi ľudia modlia s vierou za iných, uskutočňujú sa zázraky uzdravenia.

V našom kostole vykonáva s modlitbou cez tieto vreckovky uzdravenia mnoho pracovníkov kostola a pastorov, a vedú tiež obrodzovacie stretnutia v iných krajinách.

Na štvrtej úrovni moci sa uzdravujú ochorenia a mocou Boha, ktorá presahuje hranice času a priestoru, odchádza moc temnoty. Na štvrtej úrovni sa dejú divy a všetko vo vesmíre poslúcha. V zlatom svetle štvrtej úrovne Božej moci je možné vykonávať všetky diela patriace do prvej, druhej, tretej a štvrtej úrovne moci.

Príbeh o pakistanskom dievčati menom Cynthia

Rev. Wilson John Gil z Pakistanu mal mladú dcéru menom Cynthia. V júli 1999 náhle začala vracať, mala hnačku a krv v stolici. Hospitalizovali ju v nemocnici Rasheed v Lahore. Mala uzavreté hrubé črevo. Potrebovala okamžite podstúpiť naliehavú operáciu. Jej telo však bolo príliš slabé, aby takúto operáciu znieslo.

Jej ochorenie bolo diagnostikované ako „celiakia" spolu s rektálnou obštrukciou.

V tom čase bola Cynthiina staršia sestra Mária v Kórei. Priniesla mi Cynthiinu fotografiu. Bolo to 23. júla 1999 a ja som sa nad fotografiou úprimne modlil. V tom momente sa Cynthiine črevá prvýkrát za 10 dní pohli. Rýchlo sa uzdravila a už na ďalší deň sa dokázala posadiť. Po troch dňoch ju prepustili z nemocnice. Úplne sa uzdravila.

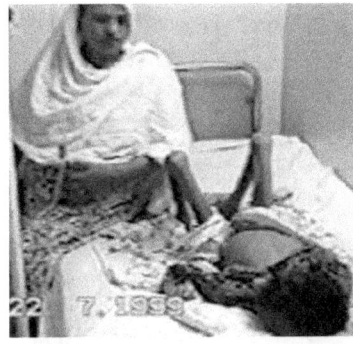

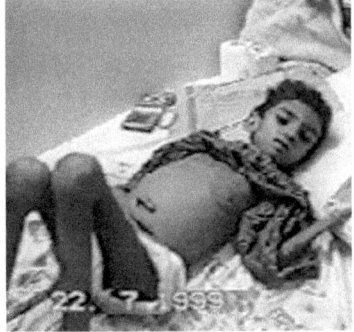

Cynthia v nemocnici (22. júla 1999)

Zdravá Cynthia (2007)

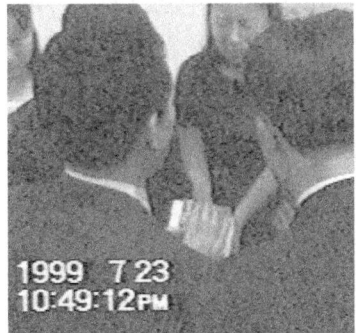

Modlitba nad Cynthiinou fotografiou

Najvyššia stvoriteľská moc

Existuje vyššia úroveň moci, ktorá je nad týmito štyrmi úrovňami moci. Je to moc, ktorá patrí Bohu Stvoriteľovi od počiatku. Keď Boh povedal: „Nech je svetlo,“ bolo svetlo. Je to moc, cez ktorú sa uskutoční všetko, tak ako bolo nariadené.

Keď Boh nariadi slepému, aby otvoril oči, jeho oči sa otvoria. Keď Boh nariadi chromému, aby chodil, bude chodiť. Činy, ktoré Ježiš vykonával, boli uskutočňované skrze Najvyššiu stvoriteľskú moc, ktorá je nad štyrmi úrovňami moci. Je to moc Stvoriteľa pri stvorení.

Toto nie je úroveň, kde bytosť získa moc od Boha a vykonáva rôzne činy. Je to moc pochádzajúca z prvopočiatočného svetla, ktoré mal Boh, keď bol sám, ešte predtým, ako sa stvorenie začalo.

V Jánovom evanjeliu, kapitole 11 vidíme, že mŕtvy Lazár, ktorý bol už štyri dni po smrti a páchol, bol oživený a na Ježišove nariadenie „Lazare, poď von" kráčajúc vyšiel.

Keď sa človek zbaví všetkých foriem hriechu, stane sa posväteným a vyjde ako človek plného ducha pripomínajúc srdce Boha, a získa neobmedzené duchovné poznanie, môže prejsť do úrovne, ktorá presahuje štyri úrovne moci.

Keď dosiahne úroveň Najvyššej stvoriteľskej moci, môžu sa diať také úžasné diela, ako keď Boh stvoril všetky veci Svojím slovom.

Nové milénium sa začalo veľkým zjavením

V roku 2000 Boh pohol mojím srdcom, aby som mu obetoval zasvätenú modlitbu. Zasvätenú modlitbu som obetoval štyrikrát. Boh chcel, aby som sa na modlitby sústredil veľmi intenzívne. Zjavil mi, že sa mám modliť sám v horách bez kontaktu s ľuďmi a bez toho, že by som sa s niekým rozprával.

V tom čase ma ťažilo veľa záležitostí týkajúcich sa kostolných financií a iných vecí a v skutočnosti to bolo pre mňa veľmi ťažké sústrediť sa na moju modlitbu. Keby som nebol komunikoval s Bohom, bol by som už mal vážne problémy kvôli nadmernému stresu.

Počas Svojho života na zemi sa Ježiš takisto modlil, kedykoľvek mal čas. Napriek tomu, že Ježiš je Božia moc samotná, pretože mal ľudské telo, musel sa naplniť plnosťou Ducha Svätého cez modlitbu, aby mohol plne preukazovať Božiu moc.

Od 21. februára som počas 10 dní obetoval prvú zasvätenú

modlitbu. V horách som spával dve hodiny denne a jedol dvakrát za deň. Boli to veľmi jednoduché jedlá, takže 10 minút mi na jedno stačilo. S výnimkou tohoto času som sa modlil kľačiac celý deň a počas prestávok som čítal Bibliu.

„Ako môžem získať viac moci, učiniť, aby ľudia poznali Boha Stvoriteľa a zachrániť ešte aspoň jednu dušu? Ako môžem učiniť, aby ľudia poznali Ježiša nášho Spasiteľa? Ako môžem dať ľudom poznať nebo a zem a priviesť ich k prijatiu Pána? Ako môžem evanjelizovať svet?“

Mojím jediným prianím bolo dosiahnuť Božie kráľovstvo a Jeho spravodlivosť. Po skončení prvej zasvätenej modlitby som sa však cítil pred Bohom akýsi zahanbený a znepokojený.

Modlil som sa najlepšie ako som vedel, ale cítil som, že sa to nemohlo rovnať modlitbe Ježiša, keď sa Jeho pot zmenil na kvapky krvi pri modlitbe v Getsemane. Boh Otec sa však tešil z mojej modlitby a dal mi veľký dar.

Div premeny horkej vody na sladkú

Muanský kostol Manmin sa nachádza na č. 153 v dedine Chun-Jang, Heje Myeon (okres), Muan Gun (kraj), v provincii Čollanam. V súčasnosti je toto miesto spojené s pevninou, pôvodne to však bol ostrov s názvom „Jookdo“. Nachádzala sa tam budova mládežníckeho tábora, ktorú muanský Kostol Manmin odkúpil, aby z nej spravil svätyňu. Je to len päť minút cesty autom od dediny, kde som žil počas môjho detstva.

Muanský Kostol Manmin sa sem presťahoval vo februári 1999, čoskoro však zistili, že nemali dosť pitnej vody. V minulosti tu vykopali studňu, bola v nej však len morská voda, a teda sa dala použiť len do bazéna.

Pastor muanského Kostola Manmin, Myeongsool Kim, vždy hovoril, aké by to bolo dobré, keby tá voda bola čerstvá pitná voda. Pretože tam nemali nijakú čerstvú vodu na pitie, privádzali vodu zo vzdialenosti troch kilometrov cez hadice.

V zime im to však spôsobovalo veľké problémy, lebo voda v hadiciach zamŕzala a lámala vedenie.

Boh je ten istý včera aj dnes

Pastor Myeongsool Kim z muanského Kostola Manmin čítal v 2. knihe Mojžišovej, ako bola horká voda z Mary premenená na sladkú vodu. Pomyslel si, že ak by prijal moju modlitbu, mohla by sa morská voda z meniť na pitnú.

V 2. knihe Mojžišovej 15:23-25 sa píše: „*Potom prišli do Mary, ale nemohli piť vodu z Mary, lebo bola horká. Preto bolo nazvané meno toho miesta Mara. A ľud reptal proti Mojžišovi a vravel: Čo budeme piť? A Mojžiš kričal k Hospodinovi; a Hospodin mu ukázal drevo, ktoré keď hodil do vody, voda sa stala sladkou.*"

Toto sa stalo asi pred 3 500 rokmi, keď Izraeliti prešli cez Červené more. Hľadali vodu v púšti Šúr, nemohli však nájsť nijakú čerstvú vodu na pitie. Začali teda reptať proti Mojžišovi. Keď sa Mojžiš modlil k Bohu, zmenila sa nepitná horká voda na čerstvú sladkú pitnú vodu.

Pastor Myeongsool Kim a členovia kostola neboli jediní, čo sa modlili za premenenie vody. Požiadali aj mňa, aby som navštívil ich kostol a modlil sa za to. Verili, že slaná morská voda sa môže zmeniť na sladkú vodu.

Počas mojej prvej horskej modlitby som sa modlil špeciálne

Studňa Muanskej sladkej vody

za muanský Kostol Manmin. Počul som, že počas desiatich dní mojej modlitby sa tam objavovali vo dne aj v noci kruhové dúhy. Neskôr som sa dozvedel, že sa členovia muanského Kostola Manmin postili a modlili za môj čas strávený v horách na modlitbe.

Keď som sa 4. marca vrátil z modlitieb v horách, pastor Myeongsool Kim za mnou prišiel po piatkovej celonočnej bohoslužbe s niekoľkými témami modlitieb a požiadal ma, aby som sa za ne modlil.

Pretože členovia kostola v Muane toľko trpeli, nemodlil som sa len za témy modlitieb, ktoré mi dal, ale tiež za to, aby sa slaná morská voda premenila na sladkú pitnú vodu. Boh túto modlitbu vypočul, a prekročiac čas a priestor, vykonal Svoje dielo na studni v Muane, ktorý bol vzdialený niekoľko sto kilometrov.

Na ďalší deň, keď pastor Kim spolu s členmi skontroloval vodu v studni, zistili, že voda, čo bola taká slaná a horká, sa teraz dala piť.

„Starší pastor, stal sa zázrak! Slaná voda sa zmenila na sladkú. Nepitná morská voda sa premenila na sladkú vodu!"

Zavolal mi pastor Kim, aby mi oznámil novinu. Cez telefón som počul vzrušené hlasy členov muanského Kostola Manmin.

Uzdravenia cez sladkú vodu

Táto sladká voda je slabo zásaditá a je bohatá na minerály. Nebola len pitná, ale preukázala tiež uzdravujúce účinky. Kórejci zvyčajne nemávajú „dvojité viečka", čo je záhyb v koži horného viečka. Mnohým ľuďom, ktorí použili vodu s vierou, sa však v hornom viečku okamžite vytvoril dvojitý záhyb. Veľa ľudí sa tiež vyliečilo zo žalúdočných a kožných problémov.

Pastor Sungchil Lee z nášho kostola priviedol svoje tri deti, aby mi ukázal ich dvojité viečka. Ani jedno z týchto troch nikdy nemalo viečka s dvojitým záhybom, pôsobením sladkej vody sa im však dvojité záhyby na viečkach vyformovali. Aj z iných krajín máme mnoho svedectiev.

V studni v Muane je potrubie. Niektorí veriaci videli svojimi duchovnými očami lúče svetla padajúce z Božieho trónu, obklopujúce spodok potrubia.

Keď slaná morská voda prejde týmto svetlom, zmení sa na sladkú vodu. Toto miesto navštívilo množstvo ľudí nie len z Kórey, ale aj z iných krajín. Niektorí z nich takisto svojimi duchovnými očami videli v sladkej vode lúče svetla a svetlo moci.

Sladkovodné ryby nedokážu žiť v slanej vode, morské ryby nedokážu žiť v sladkej vode. V Muanskej sladkej vode však spoločne žijú sladkovodné aj morské ryby

29. marca 2000 diakonka Hyeonju Ohová naberala vriacu vodu z veľkého železného hrnca. Nešťastnou náhodou sa jej vriaca voda vyliala poza krk a na plece.

Vážne sa spálila na hrudi a tyle. Okamžite s vierou prijala modlitbu za chorých nahratú na automatickom hlasovom systéme a pocítila, že horúčava od nej odchádza. Neskôr jej popáleniny mokvali, keď však na ne aplikovala Muanskú sladkú vodu, mokvanie prestalo.

Po troch dňoch prijala moju modlitbu. O týždeň sa jej na popáleninách vytvorili chrasty a keď odpadli, jej koža bola úplne čistá. Úplne sa uzdravila bez akýchkoľvek následkov.

Aj zvieratá boli oživené Muanskou sladkou vodou

Toto sa stalo v Galilejskom modlitebnom dome, kde sa chodievam modliť. Bolo to v máji 2003. Jeden holub sa hral blízko nemeckého ovčiaka. Vták sa nebál, ani keď pes naňho štekal. Trochu som sa obával.

„Ten pes je priviazaný, ale ak sa dostane dosť blízko, pohryzie ho. Prečo sa tam ten vták hrá?"

Keď ovčiak štekal, holub o čosi ustúpil. Hral sa tam však aj naďalej. Myslím, že takto uplynulo niekoľko hodín. Pes sa zdal príliš unavený na to, aby ďalej štekal.

Správca modlitebného domu mi povedal zaujímavý príbeh. Pred niekoľkými dňami spadol do dvora holub a trepotal po zemi krídlami. Už keď ho zbadal, bolo očividné, že stratil mnoho peria a umieral. Zdalo sa, že prehltol nejaký druh otravy.

Chcel tohto holuba zachrániť. Modlil sa a dal mu napiť Muanskej sladkej vody. Po tom, čo sa niekoľkokrát napil, zdalo sa, že nadobudol silu a odletel preč.

Začiatkom ďalšieho dňa začal tento holub prichádzať na miesto každé ráno. Buď sa len tak hral na dvore alebo sedel na stromoch a večer odišiel preč. Niekedy so sebou priviedol aj iné vtáky a spolu sa tam hrali. Pred tým, než sa toto stalo, som si nikdy nevšimol, že by do modlitebného domu prišiel holub.

Keď som počul tento príbeh, bol som dojatý, a fakt, že dokonca aj vták pozná milosť, na mňa urobil dojem. Prichádzal tam, aby takto túto milosť odplatil. V horách musel mať omnoho viac priateľov, stále však prichádzal sám a neodchádzal.

Požiadal som správcu, aby dal na dvor dostatok krmiva, aby mohol prísť a hrať sa tam aj so svojimi priateľmi.

Jindol sa po osemnástich dňoch vrátil z prahu smrti

Máme psa jindo, ktorého voláme Jindol. Vrátnik ho vždy raz za deň odviazal z reťaze. Jindol potom zvykol vyjsť na blízky vrch a asi po pol hodine sa vždy vrátil. Jedného zasneženého dňa sa však Jindol nevrátil. Nevrátil sa ani po pár dňoch. Hľadali sme ho všade, ale nenašli.

Už sme to takmer vzdali. Po 18 dňoch sa však vrátil sám. Videli sme, že sa na vrchu chytil do pasce a hrozne trpel. Okolo krku mal omotaný kovový drôt. Bol vážne zranený.

Vychudol tak, že z neho bola len kosť a koža. Na krku nemal nijakú srsť a drôt sa mu dostal až ku kosti. Musel tak veľmi bojovať v blate, až ním bol celý pokrytý. Tamojší pracovníci mu krk neustále postrekovali Muanskou sladkou vodou. Uvarili mu tiež zopár rýb, aby sa postarali o jeho výživu. Bolo mi ho ľúto a tiež som sa zaňho modlil.

Zvyčajne ma nemal veľmi rád. Raz za čas som ho potľapkal, ale to bolo len vtedy, keď som šiel do modlitebného domu. Neprivítal ma teda veľmi dobre. Nenasledoval ani toho, čo ho kŕmil.

Po tejto udalosti sa však Jindol úplne zmenil. Len keď počul zvuk môjho auta, začal vrtieť chvostom a nevedel ovládať svoju radosť. Osobu, čo ho kŕmi, teraz nasleduje veľmi dobre. Všetci ho milujú.

Tak ako sa ľudia, keď prejdú skúškami, stanú vyspelejšími, zdalo sa, že si Jindol uvedomil hodnotu svojho domova a bol vďačný za svojich pánov. Keď zakúsil, že by mohol dokonca zomrieť, ak by opustil svojho pána, zmenil sa na milého psa, ktorý svojho pána nasleduje veľmi dobre.

Dokázané testom FDA

Niektorí ľudia majú na Muanskú sladkú vodu nesprávny názor. Nedávno o nej niečo odvysielala kórejská vysielacia spoločnosť MBC. Kvôli ich zaujatému postoju z toho vzišlo niekoľko nedorozumení.

FDA (Správa pre potraviny a liečivá) je vládny orgán patriaci pod Ministerstvo zdravotníctva a sociálnych služieb Spojených štátov. Udržujú bezpečnostné opatrenia a štandardy pre potraviny, liečivá, chemikálie, kozmetiku a prísady do jedla. Kontrolujú ich a schvaľujú.

FDA vykonala testy na Muanskej sladkej vode v piatich oblastiach, a to test na minerály, test na ťažké kovy, test na pozostatky pesticídov, test na primárne podráždenie pokožky a test akútnej orálnej toxicity.

Výsledok preukázal, že Muanská sladká voda je vhodná na pitie a vo všeobecnosti bezpečná pre ľudské telo. Zistilo sa tiež, že je mimoriadne bohatá na minerály, ktoré sú potrebné pre ľudské telo, a to najmä vápnik, ktorého obsah bol trikrát vyšší, ako v známych pramenitých vodách Francúzska a Nemecka.

Dokázalo sa, že Muanská sladká voda je vynikajúcou pitnou vodou. Dokonca aj v duchovnej oblasti, tí, čo veria, že obsahuje Božiu moc, pijú ju a aplikujú ju, zažívajú božské diela uzdravenia.

Tí čo kritizovali a hovorili: „Naplnení sú sladkým vínom.“

Po zmŕtvychvstaní Pána Peter prijal Ducha Svätého. Vykonával mnoho divov, ako uzdravovanie chorých a vyháňanie démonov. Židia naňho žiarlili a Petra i ostatných apoštolov uväznili. Keď Pavol vyhnal démona, zbili ho a tiež uväznili.

Na Turíce videli Židia zo všetkých okolitých národov Pánových učeníkov, ktorí boli plní Ducha a hovorili v iných jazykoch. Boli prekvapení, ale nepovažovali to za dielo Ducha Svätého. Miesto toho sa z nich posmievali hovoriac, že sú naplnení sladkým vínom.

Rovnako existujú ľudia, ktorí kritizujú prácu Ducha Svätého hovoriac, že tieto príhody majú pôvod v mysticizme, ale bo sú len nejakým spôsobom predstierané. Je mi veľmi ľúto, keď počujem takéto veci.

Boh nám po mojej prvej modlitbe v horách ukázal div premenenia slanej vody na sladkú. Dal nám vedieť, že mi cez druhú sériu horskej modlitby dá múdrosť iného rozmeru ako predtým. Bola to múdrosť, ktorá vyrieši akýkoľvek druh ťažkého problému.

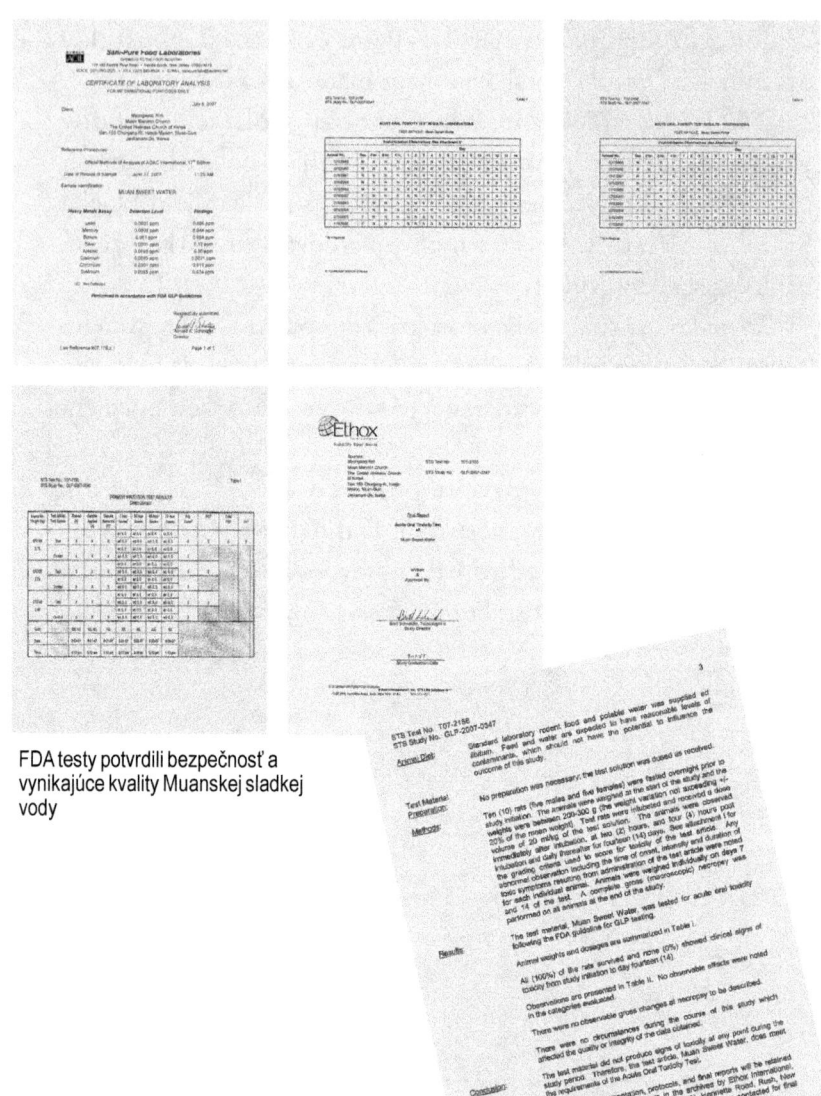

FDA testy potvrdili bezpečnosť a vynikajúce kvality Muanskej sladkej vody

Modlitba v horách a riskovanie môjho života

Boh mi povedal, aby som sa počas tretej série modlitby v horách modlil tak, ako Jakub, keď si zlomil bedrový kĺb. Povedal mi tiež, aby som sa modlil tak, akoby malo moje srdce vybuchnúť. Znamená to, že som musel odovzdať celý svoj život. Počas modlitby mi Boh dal Svoje slovo.

„Rýchlo zachráň duše týmto evanjeliom svätosti. Svojimi perami hovoria: „Pane, Pane, verím." Nemajú však vieru, aby ma prijali vo svojom vnútri. Ak mi skutočne veria, budú sa spoliehať na nemocnice, keď sa niečo stane? Predstierajú, že sú navonok svätí, vo vnútri však súdia, zavrhujú a očierňujú iných. Sú to vybielené hrobky. Tak ako slepý vedie slepého, sú služobníci Boží a učitelia, ktorí vedú mnohé duše na cestu smrti. Rýchlo hlásaj toto evanjelium po celom svete. Uč ich, ako môžu získať spásu. Zobuď všetky duše na celom svete. "

Znamenalo to, že je len málo ľudí, ktorí majú takú duchovnú vieru, aby boli počas posledných dní spasení.

Boh mi ukázal, ako sa modlil Mojžiš. Vysvetlil mi, ako sa Mojžiš na hore Sinaj modlil, aby získal Desatoro prikázaní, bez toho, že by vôbec pil vodu.

Na hore Sinaj nebolo vody, stromov, kvetov alebo spevu vtákov. Bola to pustatina plná skál a piesku, kde bolo vzácne nájsť čo i len jednu rastlinu. Mojžiš sa modlil sám. Keď sa modlil prvýkrát, bol s ním Józua. Keď sa však modlil druhýkrát, aby znovu získal Desatoro, musel sa modliť sám.

Po svojej osemdesiatke už Mojžiš pravdepodobne nebol veľmi živený. Mal oblečené otrhané šaty a úprimne sa modlil na kolenách deň aj noc. Z dlaní mu tiekla krv a jeho kolená boli odreté tak, že odkrývali kosti. V takýchto bolestiach sa modlil deň aj noc počas 40 dní, až nakoniec dostal od Boha odpoveď – Desať Božích prikázaní.

Nie je jednoduché získať Božie prikázania a počuť Jeho hlas. Človek sa musí spraviť dokonale poslušným a čistým. Keď som dokončil tretiu sériu horskej modlitby, Boh mi povedal, že som sa skutočne modlil v ohrození svojho života. Vysvetlil mi niektoré tajomstvá duchovnej ríše a povedal mi o veciach, ktoré sa mali stať.

Pridŕžajúc sa slova v Jánovi 14:12 som sa modlil, aby som získal dvojitú dávku moci a inšpirácie, aby som mohol konať ešte väčšie veci, o ktorých hovoril Ježiš.

Robil som tak preto, že Božia moc a jasná inšpirácia sú v týchto posledných časoch, keď je svet tak naplnený hriechom, nevyhnutné. Bolo to tiež na záchranu tých, čo neuverili ani po tom, čo videli, a na zlomenie modiel a idey darvinizmu, ktoré tak prevládajú po celom svete. Boha táto modlitba potešila a dal mi prísľub, že sa moja žiadosť naplní.

Ku koncu apríla roku 2000, tesne pred májovým obrodzovacím stretnutím, som začal štvrtú sériu zasvätenej modlitby. Boh mi povedal, aby som nemyslel na nič, ani na rodinu, ani na kostol. Vo dne aj v noci som myslel len na nebo a Boha Otca a volal v modlitbe.

Často som tiež cez deň pozoroval oblaky a slnko a v noci mesiac a hviezdy. Učil som sa tak viac o Božej láske a prozreteľnosti. Boh ma naučil mnoho vecí o tajomstvách duchovnej ríše. Naučil ma viac do hĺbky veciam o nebeskom kráľovstve a tiež o zlých duchoch, ktorí ovládajú peklo.

Po tom, čo som dokončil štyri zasvätené modlitby, Boh prirovnal moc, ktorú sa chystal zjaviť, k vodopádom Iguacu. Boh sa chystal odpovedať, ak veriaci preukážu čo len trochu viery. Na májovom obrodzovacom stretnutí som nekládol ruku osobitne na každého chorého. Len som sa za všetkých spoločne modlil z kazateľnice.

Už po jednej modlitbe boli uzdravené rôzne ochorenia, ľuďom sa obnovil zrak a mnohí sa postavili zo svojich vozíkov. Mohol som za to ďakovať len Bohu.

Neničte svoju odmenu v nebi

2. júna 2000 som už už odchádzal z domu na piatkovú celonočnú bohoslužbu. Zbadal som však staršieho Jongkyooa Leea. Bol vážne chorý. Keď som ho zbadal, uvedomil som si, že sa musím modliť za jeho spásu, nie za jeho uzdravenie. Z nejakého dôvodu bol veľmi vystrašený a nemohol rozprávať.

Cez inšpiráciu som videl, že anjeli a zlí duchovia bojovali o jeho dušu. Znamenalo to, že v tej situácii bolo preňho ťažké byť spaseným. Diabol ho pred Bohom obviňoval, aby ho mohol zobrať do pekla.

Uvedomil som si vážnosť situácie a modlil som sa: „Všetci zlí duchovia, panovníci vzduchu, odíďte! Otče, prijmi jeho ducha."

Ľudia okolo mňa boli prekvapení a prosili ma, aby som sa modlil za jeho uzdravenie.

Jeden z nich povedal: „Starší pastor, toľké roky viedol skupinu dobrovoľníkov a musí sa zúčastniť nadchádzajúcej bohoslužby zasvätenia dobrovoľníckej skupiny."

Odpovedal som: „Nepočuli ste moju modlitbu? Je tak, ako som povedal."

Po prijatí modlitby sa na tvári staršieho zračil mier a po jeho tvári stekali slzy. Uprostred nepredstaviteľnej bolesti získal mier. Jeho rodine som povedal, aby sa pripravili na pohreb. Povedal som tiež pracovníkom kostola, aby jeho pohreb pripravili čo najlepšie, keďže, ako povedali, mnoho rokov pracoval ako vedúci dobrovoľníckej skupiny.

Bol to prípad, kedy človek pracoval pre kostol, ale len ledva dosiahol spasenie. Na ďalší deň, 3. júna, tento starší dokonal. Boh mi ukázal, že bol vo vyššom hrobe, kde čakajú spasení ľudia. Mnoho ľudí čakalo v dlhom rade a on sklonil hlavu.

„Nevieš prečo tento syn skláňa hlavu? Je to preto, že bol členom Kostola Manmin, ktorý jedol z tvojho duchovného pokrmu slova."

Ako člen Kostola Manmin, počul slovo života. Bol starší a hlavou dobrovoľníckej skupiny. Mal ísť do niektorého z lepších príbytkov v nebi, ako je tretie nebeské kráľovstvo alebo nový Jeruzalem. On bol však len ledva spasený. Inými slovami, získal len zahanbujúce spasenie a šiel len do raja. Preto nevedel zodvihnúť hlavu. Boh mi dal vedieť, že so slzami vzdával vďaku za to, že bol spasený a priznal, že sa bude za mňa modliť, až kým sa znovu nestretneme.

Prečo potom verný pracovník v tom momente musel prijať takéto zahanbujúce spasenie? Boh mi zjavil toto:

Keď náš kostol čelil trom skúškam, ako hlava skupiny dobrovoľníkov mal stáť pri svojom pastorovi a členoch viac ako ktokoľvek iný. Keď však počul falošné správy a videl materiály vyrobené hriešnymi ľuďmi, otriaslo to ním.

Učil som členov a veľakrát zdôraznil, aby nevideli, nepočuli, ani nešírili nič, čo nebola pravda, ale on neuposlúchol. Počúval tých, čo sa pokúšali zničiť kostol a jeho srdce sa otriaslo.

Počas samotného incidentu v roku 1999 bol v pozícii, keď mal chrániť kostol a pastiera, bol však podvedený hriešnymi ľuďmi a nevykonal si svoju povinnosť. Pretože takto sklamal Boha, Boh ho nemohol podporovať. Jeho odmena, ktorú si ukladal v nebi, bola preč a bolo preňho ťažké byť vôbec spasený.

Kvôli tejto situácii vyniesol voči nemu diabol obvinenia, aby ho zobral do pekla, boli tam však aj anjeli, ktorí sa ho snažili zobrať do neba. Aké to len muselo byť preňho bolestivé za takýchto podmienok. V tejto situácii, keď som sa modlil, aby som vyhnal nepriateľa diabla, zlí duchovia odišli a on bol zachránený.

Podobne, ak niekto zavrhne kostol, ktorý Boh miluje a označí ho za kacírsky, alebo odsúdi pastora, ktorého Boh miluje, ako kacíra, alebo ich iným spôsobom očierni, je to hriech rúhania sa Duchu Svätému. Ak niekto spácha takýto druh hriechu, nemôže byť spasený, ani keby oľutoval. Bude preňho veľmi ťažké byť spaseným a odmeny, ktoré si nahromadil, budú zničené.

Preto by sme mali dodržiavať Slovo a pracovať na našom spasení s bázňou a trasením (Filipanom 2:12).

Proroctvo o Severnej Kórei

13. júna 2000 priletel prezident Kim Tä-džung na letisko Soon Ahn v Pyong-yangu, Severnej Kórei. Bolo to prvýkrát, čo prezident Kórejskej republiky navštívil Severnú Kóreu, aby sa zišli a diskutovali na samite.

V decembri 1983 som predpovedal, že Juh bude o tri roky komunikovať so Severom. Bolo to tesne po teroristickom útoku Severnej Kórey na mnohých kórejských ministrov v Myanmare, vzájomný vzťah bol teda na bode mrazu. Ak hocikto povedal niečo, čo nebolo v súlade s vládnou politikou voči Severnej Kórei, znamenalo to, že sme porušovali „Národné bezpečnostné právo".

Tento teroristický útok sa udial v októbri 1983, keď bol prezident Doohwan Chun na svojej diplomatickej ceste po šiestich krajinách. Myanmar bol prvou krajinou. Počas návštevy hrobky Aunga Sana nastala veľká explózia, pri ktorej bolo sedemnásť členov prezidentovho sprievodu usmrtených a štrnásti boli zranení.

Zistilo sa, že tento útok bol organizovaný Kimom Il-sungom, vtedajším vodcom Severnej Kórey. Vzťah Severnej a Južnej Kórey bol na bode mrazu a nikto si nevedel predstaviť akýkoľvek druh spolupráce.

Po troch rokoch, začiatkom januára 1987, však prišiel návrh na juho-severskú politickú a vojenskú debatu medzi predsedami vlády Severnej a Južnej Kórey a vyjednávania ohľadne redukcie vojenských síl. Taktiež som v prvej polovici roku 1990 predpovedal, že sa vzťah medzi Severom a Juhom ešte zlepší, a bude sa aj naďalej zlepšovať.

V septembri toho roku sa v Soule konalo prvé rokovanie vysokých predstaviteľov Južnej a Severnej Kórey. V októbri sa konal futbalový zápas medzi Severnou a Južnou Kóreou, a ľudia boli veľmi prekvapení neočakávaným zvratom udalostí. Od tohto podujatia sa tieto dve strany stretli toho roku ešte veľakrát, vrátane športových rozhovorov a viacerých rokovaní vysokých predstaviteľov.

Hneď po otvorení nášho kostola mi dal Boh vedieť, že sa na samite uskutočnia rokovania medzi Severom a Juhom, a ako sa bude situácia vyvíjať na konci času.

Pán mi povedal, že keď za začnú rozhovory o zvolení jedného prezidenta pre obidve Kórey, Severnú aj Južnú, bude to znamenať, že je už za dverami. Znamená to, že tieto udalosti sú v úzkom vzťahu s Pánovým príchodom, ktorý je už cítiť vo vzduchu.

Rozhovory na samite podľa predpovede

Tak, ako mi to dal Boh vedieť v roku 1983, sa 15. júna 2000 konal samit Severnej a Južnej Kórey. Tesne pred týmto samitom som 4. júna 2000 vyhlásil, čo sa stane v budúcnosti v súvislosti s týmto samitom.

„Severná Kórea má pre tento samit svoju vlastnú agendu. Naši predstavitelia by sa nemali nechať zmiasť. Jedným dôvodom je hospodárstvo, ale to je len maličkosť. Vyzývam vás, členovia, aby ste sa za toto modlili."

11. júna som na nedeľnej bohoslužbe vysvetlil, čo mi zjavil Boh.

„Budú prebiehať rozhovory. Prvé rozhovory budú veľmi priateľské, s prechádzkami a dokonca vtipmi. Uskutoční sa mnoho politických, ekonomických a športových vzájomných výmen. Od druhého rozhovoru však bude mať prezident problémy kvôli ich agende. Modlite sa prosím, aby sme boli schopní zabrániť veľkým ťažkostiam. Prechádzkami sa tu myslí rozhovor dvoch vodcov v priateľskom a dôvernom tóne počas prechádzky."

V skutočnosti, keď 13. júna prezident Kim Tä-džung priletel na letisko Pyong-yang, Kim Čong-il ho tam prišiel privítať. Väčšina ľudí očakávala, že rozhovory budú mať akýsi strnulý a nepríjemný podtón.

Prezident Kim Čong-il však počas prezidentovej návštevy prejavil veľmi priateľské správanie a prechádzal sa s prezidentom Kimom Tä-džungom s veľmi priateľským prístupom. Ľudí na juhu to prekvapilo. Jeho správanie ich dokonca očarilo. Objavovali sa dokonca slová ako „Kim Čong-il šok" alebo „Kim

Čong-il syndróm".

Tak, ako mi Boh povedal, prebiehal rozhovor samitu vo veľmi priateľskom tóne a strany prisľúbili ďalšie rozhovory. Keď sa konal prvý rozhovor, ľudia boli naplnení emóciami. Celá krajina sa tešila atmosfére.

Skryté starostlivo vypracované plány

Keď sa prezident Kim Tä-džung vrátil zo svojej návštevy v Severnej Kórei, na piatkovej celonočnej bohoslužbe 16. júna a potom nedeľnej bohoslužbe 18. júna som vysvetlil, čo mi Boh zjavil. Severná Kórea preukázala priateľský postoj a privítala prezidenta Juhu s veľmi detailným plánom.

Boh povedal, že hneď po tom, čo Kim Čong-il vyprevail Kima Tä-džunga zo Severu, išiel do tajnej rokovacej miestnosti, kde sa konali tajné rozhovory o zjednotení silou. Analyzovali tam každú osobu z Juhu a rozhodovali sa, kto by mohol byť pre Sever užitočný.

Kým ľudia na juhu, oklamaní priateľským prístupom Severu, snívali o mierovom zjednotení, Sever pripravoval plány na zjednotenie krajín silou.

Boh mi dal vedieť, že Kim Čong-Il si podmanil mysle ľudí na juhu vďaka krátkym momentom, keď vítal prezidenta Kima Tä-džunga. Dovtedy mal medzi ľuďmi Juhu negatívny imidž. Vďaka tomuto stretnutiu sa však jeho imidž zmenil na pozitívny. Znamenalo to, že Kim Čong-il uspel vo svojom pláne získať si mysle ľudí na juhu, aby tak dosiahol svoje ciele.

Boh mi dal tiež vedieť, že tzv. „Slnečná politika" nebude mať veľmi dobré výsledky. Keď Sever získa pomoc, budú spolupracovať, bude to však len dočasné. Navonok sú priateľskí, zvnútra sú však úplne iní. Toto slovo sa splnilo aj v realite. Sever pripravoval jadrové zbrane podľa svojich vlastných plánov.

Nie dlho po tom, čo som otvoril tento kostol, mi Boh dal vedieť, že sa jedného dňa Severná Kórea otvorí. A tento deň sa blíži k realite cez tlak zo strany Spojených štátov a iných krajín. V súčasnosti máme pastorov a členov laikov, ktorí sa pripravujú na misijnú prácu v Severnej Kórei.

Doba, počas ktorej bude Severná Kórea otvorená, však bude krátka. Budú mať pocit, že je ich systém ohrozený a dvere opäť zatvoria. Pred tým, než ich zatvoria, však varujú všetkých cudzincov, aby opustili krajinu. Veľa misií opustí Sever, avšak niektoré zostanú až do konca, aby hlásali evanjelium, až sa nakoniec stanú mučeníkmi.

Kapitola 5

Tak ako voda pokrýva more

Začiatok zahraničných misií v plnom meradle

Odkedy v júli 1982 kostol prvýkrát otvoril svoje brány na malom mieste s rozlohou asi 70 m^2, modlil som sa s niekoľkými pracovníkmi kostola za svetovú misiu a postavenie Veľkej svätyne, čo bola vízia od Boha.

O 17 rokov neskôr, keď sme stáli pred novým miléniom, sa v prozreteľnosti Božej začala svetová misia v plnom meradle.

V knihe Skutkov vidíme obrovské obrodenie v Jeruzaleme, v čase ranej cirkvi. Keď prenasledovanie cirkvi zosilnelo, veriaci sa rozpŕchli všade.

Cez toto prenasledovanie viera veriacich zosilnela a bol to začiatok šírenia kresťanstva po celom svete. Aj keď sa nepriateľ diabol snaží všetko narušiť, vôľa a prozreteľnosť Božia sa istotne naplní.

Už od samého začiatku bol náš kostol naplnený Duchom

Svätým. Dialo sa tu mnoho divov a zázrakov a kostol veľmi rýchlo rástol. Nepriateľ diabol sa samozrejme snažil kostol zničiť.

Každú skúšku, ktorá na nás prišla, sme prekonali s vierou a láskou a Boh nám dával neustále väčšiu moc. Počnúc Ugandou sme v júli 2000 boli schopní začať svetovú misiu v plnom meradle.

Uganda, začiatočný bod svetovej misie

Napriek tomu, že sa Uganda nazýva „Perlou Afriky", je to krajina so zúfalou potrebou Božej milosti. Ohrozovali ju nebezpečenstvá chudoby, ochorení a občianskych vojen. Štatistiky ukazovali, že 30 % populácie bolo HIV pozitívnych a číslo rýchlo narastalo.

Kresťania v Ugande sa tiež mali na pozore kvôli svetovému trendu šírenia Islamu.

Keď som kázal na Ugandskej spojenej výprave, cítil som prečo ma Boh poslal do tejto krajiny.

Keď som letel z Londýna do Nairobi, videl som cez okno kruhovú dúhu. Bola to výnimočná dúha. Tvar lietadla bol vo vnútri tejto kruhovej dúhy. Od toho času sa dúhy ukazovali vždy, keď sme šli do iných krajín vykonávať misijné práce. Videli sme trojité kruhové dúhy, rovné dúhy a množstvo iných typov dúh.

Dňa 4. júla 2000 som spolu s našou misijnou delegáciou priletel do Ugandy. Na letisko nás prišli privítať rôzni politickí a náboženskí vodcovia, vrátane prezidentovho tajomníka pre náboženstvo, primátora mesta Kampala a pána Jehoaha Nkangiho, ugandského ministra spravodlivosti. Miestni domorodci nás privítali vo svojich tradičných šatách s nadšeným tancom a pokrikom.

Na ceste z letiska do hotela nám veľa ľudí kývalo. Videl som tiež mnoho nástenných plagátov ohlasujúcich výpravu. Výprava bola propagovaná niekoľkokrát v televízii a aj miestna tlač sa o ňu veľmi zaujímala.

V hoteli Níl v Kampale sme mali tlačovú konferenciu, na ktorej sa zúčastnilo mnoho členov tlače, vrátane CTV. Sľúbil som im, že slepí uvidia, chromí budú chodiť a udeje sa tam veľa zázrakov na slávu Bohu.

Po tejto propagácii sa však nepriateľ diabol a Satan pokúšali výpravu narušiť. Cez niektoré kórejské misie začalo kolovať mnoho falošných chýrov. Aby výpravu zastavili, preložili tiež niektorých členov tlače.

Úprimná viera Afričanov k Bohu však reagovala úplne iným spôsobom, ako kórejské misie očakávali. Ich snaha narušiť výpravu spôsobila len to, že bola ešte lepšie propagovaná a vedelo o nej ešte viac ľudí. Nie len vládni predstavitelia, ale tiež ľudia z tlače, mali zrazu o výpravu veľký záujem.

Konferencia cirkevných vodcov

V čase od 5. do 6. júla sa konala Konferencia cirkevných vodcov v Medzinárodnej konferenčnej hale v Kampale. Zúčastnili sa jej pastori nie len z Ugandy, ale tiež z Kene a Tanzánie. Bola naplnená horlivosťou tisícok pastorov. Zaplnené boli dokonca aj uličky.

Kázal som na tému „Svätosť pred Bohom". Boli veľmi pozorní, a keď sa v strede bohoslužby začali diať Božie divy a zázraky, vzdávali Bohu slávu s jasotom a potleskom. Radovali sa, ako keby oni sami zakúsili tieto Božie diela.

Keď ľudia v Kórei počujú o Božích dielach, mnoho z nich pri ich spomenutí vrhá zvláštne pohľady a snažia sa všetko okolo toho zavrhnúť, narušiť a prekaziť. Uganda sa však od Kórey veľmi líšila. Mali čisté srdcia, ktoré dokázali uveriť Božiemu slovu takému, aké je.

Spojená výprava explodovala zázrakmi uzdravenia

Spojená výprava sa počas troch nasledujúcich dní konala na štadióne Nakivubo. Prvý deň sa výpravy zúčastnilo asi 70 000 ľudí. Začala sa uvedením biskupa Grivasa Musisiho a ja som kázal posolstvo o Bohu Stvoriteľovi.

Kázeň bola preložená do angličtiny a miestneho ugandského jazyka, čistý čas pôvodnej kázne bol teda len okolo 20 minút.

Po kázni som sa asi len päť minút modlil za chorých. Napriek tomu, že to bola krátka modlitba, zázraky uzdravenia sa diali vo veľkom už od prvého dňa. Videl som jednu pani, ktorá ležala pod pódiom. Nemohla sa hýbať.

Niektorí ľudia, ktorí vyzerali ako členovia jej rodiny, ňou potriasli, zostala však nehybná. Po skončení modlitby sa však postavila a vyšla na pódium. Keď to ľudia videli, boli nadšení.

Dievča, ktoré malo popáleniny na nohe a nemohlo chodiť, začalo chodiť. Osoba, ktorá mala jednu nohu kratšiu ako druhú, začala chodiť normálne. Okrem tohoto tu bolo toľko ľudí, čo sa predbiehalo vo svojich svedectvách uzdravenia z AIDS, kožných ochorení a iných Božích zázrakov, ktoré sa udiali.

Na druhý a tretí deň sa diali ešte väčšie Božie diela. Keď

ľudia odhodili barly a palice a prišli dopredu, ľudia jasali svojím jedinečným spôsobom pokriku. Neustále bolo vidno blesky od fotografov a iných členov tlače a tón hlasu terénneho reportéra sa zvyšoval vo vytržení.

Jeden človek odhodil barly, na ktoré sa spoliehal 14 rokov. Slepí začali vidieť. Bol tam muž, ktorý kvôli rakovine nedokázal chodiť, ale teraz chodil. Šesťročný chlapec nebol schopný hovoriť ani chodiť, teraz však dokázal oboje.

V správach na CNN

Pri svedectvách uzdravenia, potlesku a jasote sa štadión podobal vriacemu kotlu emócií a vzrušenia ľudí. Niektorí mávali vreckovkami, iní tancovali a dvíhali stoličky.

Výprava bola naživo vysielaná národnou ugandskou televíziou a tiež televíziou WBS (Svetový vysielací systém). Správy o výprave sa vysielali každý deň na štyroch kanáloch a tiež na rôznych rozhlasových staniciach. Dokonca aj CNN a vysielacia stanica z Veľkej Británie zbierali správy a vysielali priamo na mieste.

„Dr. Jaerock Lee dokázal, že je Boží muž, činením divov a zázrakov Ježiša Krista cez Božiu moc. Sú to divy a zázraky, ktoré môžu pochádzať jedine od Boha."

Ešte aj po skončení výpravy, CNN ešte trikrát priniesla správy o Božej moci. Boh to naplánoval tak, aby boli jeho diela známe najskôr z iných krajín. Kým tí, čo boli uzdravení, svedčili o svojom zázraku, iní získali vieru vidiac Božie diela. Priniesli veľké množstvo vreckoviek, aby na ne prijali modlitbu.

V správach na CNN

Dostal som hŕbu listov, názvov modlitieb a fotiek. Nemal som čas modliť sa za každého, a tak som sa modlil nad nimi nad všetkými spoločne. Potom nejakí iní ľudia priniesli ďalšiu hŕbu, za ktorú som sa mal modliť.

Vedúci cirkví v Ugande počúvali čisté a živé posolstvo a boli svedkami nepopierateľných diel Božej moci. Priznali, že získali novú vieru a boli posilnení.

Po výprave za mnou prišli niektorí pastori a na kolenách sa kajali za to, že sa snažili prekaziť ugandskú výpravu. Počul som, že aj organizátori výpravy dostali veľa takýchto telefonických hovorov kajúcnosti. Keďže nerozumeli, že som bol Božím mužom, a zasahovali do priebehu, chceli vedieť, čo by mohli teraz urobiť, aby veci napravili.

Prijatie diel Božej moci

Dvadsaťdvaročná sestra bola moslimka a kvôli paralýze spodnej časti tela nedokázala chodiť, na výprave však bola vyliečená. Niektoré islamské orgány vydali nariadenie o mlčaní, zakazujúce hocikomu hovoriť o tomto dievčati alebo jej vyliečení na výprave. Ja som však počul, ako povedala: „Zúčastnila som sa výpravy a bola som uzdravená. Musím preto o tom hovoriť."

Ugandania boli chudobní srdcom a evanjelium svätosti a diela Božej moci prijali s čistými srdcami. Či už to boli pastori alebo laickí veriaci, ak bol niekto v ich okolí uzdravený, radovali sa a jasali, akoby to bolo ich vlastné uzdravenie. Ľudia sa dlhý čas nerozptýlili ani po skončení výpravy. Bol som dojatý ich čistými a dobrými srdciami.

Jedna žena videla niečo svojimi duchovnými očami. Svedčila, že okolo výpravy videla kone a ohnivé vozy (2. kniha Kráľov 6:17). Boh takto odohnal vplyv nepriateľa diabla. „Kone a ohnivé vozy" znamenajú, že tam bola nebeská armáda.

Keď som sa po výprave modlil za ugandských ľudí, Boh mi zjavil, že aj keď dokázali spievať chvály celým svojím srdcom, nevedeli veľa o Božom slove.

„Ľudia tejto krajiny spievajú chvály celým svojím srdcom, aby vzdali Bohu slávu. Poznajú Boha prostredníctvom chvál, ale nepoznajú Boha prostredníctvom slova. Tentokrát si im však jasne zjavil Boha prostredníctvom slova."

Slovo Božie a diela Božej moci, ktoré sa na tejto výprave udiali, boli vďaka rôznym médiám a vysielaniu široko známe. Kostoly v Ugande sa cez ne zjednotili a posilnili.

Počas Nagojskej výpravy bolo uzdravených desať hluchonemých

Po výprave v Ugande nás Boh viedol usporiadať výpravu v Japonsku. Japonsko slúži toľkým modlám a populácia kresťanov tu nie je ani 1 %.

Boli tam niektorí japonskí pastori, ktorých sa dotkla Kórejsko-japonská spojená výprava, ktorá sa konala v našom kostole v roku 1992, a pohla ich srdciami. Chceli vytvoriť pretrvávajúce spoločenstvo a získať misijnú podporu. Našu prvú misiu sme poslali do Japonska v roku 1994 a založili tam filiálny kostol. Bol to začiatok našej misie v Japonsku.

Výprava bola naplánovaná na 14. septembra 2000, ale od 11. septembra začalo kvôli vplyvu tajfúnu husto pršať. Správy hlásili, že mesto Nagoja bolo zaplavené. Vraveli, že tajfún sa blíži ku Kórei.

V Japonsku už bolo zaplavených viac ako 30 000 domovov. Mesto Nagoja vydalo príkaz na evakuáciu 17 000 ľudí. Celé fungovanie mesta bolo zastavené. Na týždeň, keď sa mala konať výprava, boli v Nagoji hlásené varovania ohľadne hustého dažďa.

13. septembra, keď sme dorazili do Japonska, však hustý dážď prestal a voda sa z mesta odplavila. Výprava sa konala podľa plánu od 14 do 15. septembra v jasnom jesennom počasí. Náš kostolný orchester Nissi pre nich vystúpil s vysoko kvalitným kresťanským kultúrnym predstavením.

Jedna špeciálna vec na tejto výprave bola, že sa jej zúčastnilo 13 hluchonemých. Mali sme pre nich preklad v znakovom jazyku a oni sa veľmi pozorne snažili porozumieť posolstvu.

Na druhý deň bolo cez modlitbu 10 z nich Božou milosťou v momente uzdravených. Veľmi sa nás dotklo vidieť ich radovať sa a svedčiť o tom, že počujú.

Nishio Shenbirová nevedela zastaviť prúd svojej radosti, keď hovorila, že od narodenia vôbec nebola schopná počuť a dva roky pred výpravou začala mať zvonenie v ušiach. Ale aj to bolo teraz preč a kúsok za kúskom začínala počuť.

Odišiel som do Pakistanu s duchom mučeníctva

V Pakistane tvoria 97 % celej populácie moslimovia. V ústave majú slobodu náboženstva, kresťania však čelia znevýhodneniam mnohých druhov.

Môžu trpieť násilím a niekedy sú dokonca zabití, nemajú však možnosť dožadovať sa svojich práv. Akú šancu by tam už len mal kresťan, keď tam boli bombové útoky medzi samotnými skupinami moslimov?

V skutočnosti som musel byť pripravený na mučeníctvo. Keď som sa modlil za túto výpravu, Boh povedal: *„Kým sa výprava uskutoční, prihodí na mnoho prekážok. Pohnem však vysokým predstaviteľom, aby ti pomohol, a tak sa neboj. Výprava sa uskutoční bez akýchkoľvek nehôd alebo nešťastí a ty ma veľmi osláviš. "*

16. októbra 2000, počas letu do Pakistanu, som z okna videl jasnú štvoritú kruhovú dúhu.

Uvedomil som si, že mi Boh ukázal túto dúhu ako znak toho, že nám zaručí štvordňovú výpravu v Pakistane so svetlami Božej moci na štyroch úrovniach. Pastori, organizátori výpravy a reportéri z tlače na nás čakali na letisku.

Cynthia, dcéra Rev. Wilsona Johna Gila, ma privítala s kyticou kvetov. (Jej svedectvo som už opísal v kapitole 3.) Vyrástla na veľmi zdravú mladú slečnu.

V meste Lahore bolo mnoho nástenných plagátov o výprave. Propagovali ju aj rôzne verejné médiá. Nástenné plagáty moslimovia kde-tu postŕhali a vyhrážali sa dokonca bombovým útokom.

18. októbra organizátori pripravili uvítací banket v hoteli Avari Hotel International. Prišlo mnoho vysokých predstaviteľov, vrátane S. K. Tresslera, ministra kultúry, športu, mládeže a turizmu; ministra spravodlivosti štátu Pandžáb; a bývalého predsedu najvyššieho súdu.

Pred banketom sa udialo niečo nepredstaviteľné. Pán Abdula, najvyšší z islamských predstaviteľov štátu Pandžáb, prišiel vo svojom invalidnom vozíku, aby prijal modlitbu za uzdravenie svojich nôh.

Moslimovia nemajú povolený kontakt s kresťanmi. Pre moslima to teda muselo byť veľké rozhodnutie, prísť predo mňa a prijať moju modlitbu. Keď som sa modlil za tohoto islamského vodcu, uvedomil som si, že to bolo znamenie, že Ježiš Kristus už vyhral duchovnú bitku na tejto výprave.

Pretože to bola islamská krajina, bolo by bývalo ťažké uskutočniť výpravu bez podpory pakistanskej vlády. Boh dopredu pripravil mnoho pomocných rúk.

Brány pevne zatvorené

Bol 19. október, 9:00, prvý deň Konferencie pastorov. V to ráno som sa dozvedel, že konferencia bola náhle zrušená. Železničný štadión a miesto konferencie boli tiež zatvorené. Pritom sme už od vlády získali všetky potrebné povolenia.

Keď sme prišli na miesto výpravy, zastavili nás ozbrojení policajti. Keď naši zamestnanci požadovali, aby brány otvorili, vpustili dnu len moje auto, nasledované eskortou. Brána sa znovu zatvorila. Policajní dôstojníci ozbrojení puškami a ručnými granátmi zastavili autobusy a odopreli im vstup na štadión.

Kvôli tlaku moslimov na štátnu vládu, vláda toto podujatie z bezpečnostných dôvodov zrušila. Na štadióne boli niektorí miestni pastori, ktorí prišli ešte predtým, ako brány zatvorili. Vzdávali chvály a modlili sa.

Ako plynul čas, policajní dôstojníci sa k ľuďom správali stále hrubšie. Boli tam ľudia, ktorí sem cestovali z miest vzdialených viac ako 10 až 20 hodín, nedokázali sa však ani len priblížiť ku štadiónu. Zďaleka spoza brány som počul som zvuk chvál a modlitieb.

Spoliehal som sa len na Boha a modlil sa, a dostal som takúto odpoveď: *„Nikto nemôže narušiť túto výpravu. Brány sa opäť otvoria napoludnie.“* Ľuďom som povedal: „Neobávajte sa, konferencia sa začne napoludnie.“

V skutočnosti tam však stále boli ozbrojené policajné sily a žiadna viditeľná zmena situácie. Pracovníci, ktorí boli so mnou, však takisto z vierou priznali, že sa konferencia začne napoludnie.

Pomocná ruka od Boha

A tak, ako sme vyznali vo viere, sa brány štadiónu napoludnie otvorili.

Na štadión vchádzalo množstvo ľudí s dôstojnosťou a rukami vo vzduchu. Vyzerali ako generáli vracajúci sa z vojny s veľkým víťazstvom. Minister S. K. Tressler sa dopočul, že konferencia bola zrušená. Zavolal vládnym štátnym činiteľom a žiadal, aby konferenciu povolili a potom sa tam sám ponáhľal.

Bol už na ceste do Islamabadu, keď sa túto správu dopočul, a tak svoj program odložil. Tí, ktorí čakali na okraji mesta, modliac sa za začiatok konferencie, taktiež prišli s jasotom.

Minister S. K. Tressler odovzdal Konferencii pastorov gratulačnú správu. Počas dvojdňovej konferencie som kázal o tajomstve rastu cirkvi a „Posolstve kríža". Keď som sa modlil za chorých, jedno dievča bolo zbavené posadnutosti diablom. Nádor, ktorý mal istý človek v tele 14 rokov, zmizol. Niektorí, čo nepočuli, začali počuť. Bolo tu mnoho svedectiev oslobodenia sa z reťazí bolesti. Táto správa sa rýchlo rozšírila cez národnú televíziu a iné vysielacie stanice, tlač a slovom od človeka k človeku.

Zástup sa dokonca zhromaždil okolo miesta výpravy

20. októbra o siedmej večer sa Burtskom inštitúte začala výprava. Keďže bola Konferencia pastorov úspešná, ľudia sa sem hrnuli v húfoch. Počas troch dní sa každý deň zhromaždilo viac ako 100 000 ľudí.

Ľudia sem prichádzali z celej krajiny vlakom a autobusmi. Miesto výpravy bolo už preplnené a nebolo tam viac miesta.

Tí, čo sa nedokázali dostať na miesto, museli počúvať posolstvo vonku cez reproduktory. Počul som, že sa veľa ľudí dokonca muselo vrátiť, pretože sa nedokázali dostať dostatočne blízko, aby počuli nejaký zvuk.

Na druhý a tretí deň prišlo ešte viac ľudí a ešte aj vonkajšia plocha okolo miesta výpravy bola preplnená. Prístup polície, ktorá sa v prvý deň snažila naše podujatie zastaviť sa úplne zmenil a pomohli nám prejsť podujatím bezpečne až do konca.

Ťažko vyzbrojené policajné sily strážili pódium a našich zamestnancov celý deň. Aby udržali dokonalú bezpečnosť, mali po mieste výpravy rozostavené bezpečnostné hliadky.

Výpravy sa zúčastnilo mnoho vysokých predstaviteľov a cirkevných vodcov a národná televízia spolu s inou tlačou nadšene prinášali správy. Tieto správy o výprave sa rýchlo rozšírili do iných islamských krajín a krajín Blízkeho východu.

Kázal som na tému Prečo je Ježiš naším Spasiteľom. Zdôrazňoval som tiež, že všetky ochorenia môžu byť uzdravené a problémy vyriešené, a že si budú môcť vychutnávať večný život v nebi, iba ak sa sa budú modliť v mene Ježiša Krista. Účastníci počúvali posolstvá veľmi pozorne. Boli preložené do angličtiny aj urdčiny.

Výpravy sa zúčastnilo aj niekoľko desiatok tisíc moslimov. Organizátori mi povedali, že 50 až 60 percent zúčastnených boli moslimovia. V jednom z momentov som zástup požiadal, aby zdvihli ruky, ak už teraz uverili v Ježiša Krista. Väčšina z nich zdvihla ruky. Bol to taký radostný a dojímavý moment.

Počas troch dní výpravy som sa po kázniach modlil za chorých ako celok. Modlil som sa s celou svojou energiou, aby ešte aspoň jeden človek získal božské uzdravenie. Cez túto

Spojená výprava v Pakistane

modlitbu Boh výbušne zjavil diela Ducha Svätého.

Po skončení modlitby prišlo veľa ľudí, ktorí zažili božské uzdravenie, hore na pódium, aby sa podelili o svoje svedectvá. Pódium bolo v momente plné ľudí. Na tejto výprave zažilo Božie uzdravenie nespočetné množstvo ľudí.

Boli tu vyliečené rôzne endemické ochorenia a vyhnaní démoni. Tí, čo nevideli, začali vidieť, a tí, čo nepočuli, začali počuť. Jedna sestra, ktorá od narodenia nebola schopná chodiť kvôli detskej obrne, začala chodiť a jedna jej noha, ktorá bola kratšia ako druhá, sa predĺžila o 5 cm.

Táto misijná výprava sa mohla uskutočniť vďaka podpore členov nášho kostola, skrze ich pôst, modlitby a misijné milodary. Mnoho ľudí s vierou darovalo svoje „dva haliere" ako misijný milodar. Boh mi zjavil, že títo ľudia získajú požehnania na zemi, ako aj úžasnú odmenu, zlato a drahokamy v nebeskom kráľovstve.

Boh sa z tejto výpravy v Pakistane tešil, a preto mi povedal, že tesne po výprave náš kostol a všetky filiálne kostoly po celom svete obklopil svetlom stvorenia.

Dal mi tiež vedieť, že nám ako dar daroval meč ohňa. Keď svetlo stvorenia vyženie všetku temnotu, meč ohňa sa rozdelí a zlomí. Vysvetlil, že takto zaručí moje slovo, napríklad, ak by som nariadil kostiam, aby sa napravili, spoja sa dokopy a napravia. Dal nám tiež vedieť, že sa budú diať stvoriteľské diela.

Božia moc oživuje mŕtvych

Dňa 6. mája 2001 sa počas nedeľnej bohoslužby objavila okolo slnka nad kostolom jasná kruhová dúha. Bolo to znamenie, že Boh bol s nami počas 9. Dvojtýždňového špeciálneho obrodzovacieho stretnutia, ktoré sa začínalo na ďalší deň.

Počas tohoto obrodzovacieho stretnutia sa nad naším kostolom mnohokrát objavili kruhové a dokonca rovné dúhy. Aj na tomto obrodzovacom stretnutí sa udialo mnoho zázrakov uzdravenia. Bola tu napríklad uzdravená rakovina, ktorá sa rozšírila do pobrušnice a tiež leukémia.

Yamazaki Hiromiová z Japonska mala pred týmto obrodzovacím stretnutím asi 10 rokov ohnutý chrbát do 90 stupňového uhla. Stretnutí sa počas prvého týždňa zúčastnila v Japonsku cez internet. Keď prijala modlitbu za chorých, jej chrbát sa vystrel takmer do normálu a pomaly po častiach ustupovala aj bolesť.

Veľmi ju to prekvapilo, a tak prišla do Kórey, aby sa zúčastnila zvyšku obrodzovacieho stretnutia. Keď 17. mája prijala modlitbu, začal na ňu pôsobiť oheň Ducha Svätého. Bola spotená po celom tele a jej chrbát sa úplne vystrel.

Ueda Hideo, taktiež z Japonska, trpel cukrovkou, hepatitídou a alkoholizmom. Obrodenia sa zúčastnil len na naliehanie iných ľudí. Keď prijal modlitbu, cítil, akoby z jeho hlavy bol zmietnutý odpad a dokázal chodiť samostatne s novou silou, ktorú nadobudol.

Celé telo stuhnuté a studené

Jaeho Lee bol pastor farnosti nášho kostola. 8. mája sa mu niečo prihodilo. Jeho rodina mi vysvetlila situáciu takto. Skoro ráno z ničoho nič začal vracať. Do druhej hodiny popoludní už viac nedokázal kontrolovať svoje telo.

Neustále strácal z tela tekutiny cez hnačku a vracanie a asi o piatej popoludní stratil vedomie. Pretože tekutiny z jeho tela odišli rýchlo, zošúverila sa mu koža. Tiež sa mu otvoril konečník a z jeho tela začala vychádzať biela tekutina s penou. Z medicínskeho hľadiska toto znamená, že bol prakticky mŕtvy.

V tom čase bol veľmi zdravým človekom, napriek tomu sa však toto všetko udialo v priebehu len niekoľkých hodín. Členovia jeho rodiny ho priniesli do kostola približne v čase večerného zhromaždenia obrodzovacieho stretnutia. Obávali sa, že ak sa túto správu dozviem, mohlo by to ovplyvniť večernú bohoslužbu. Čakali teda až do skončenia večernej bohoslužby, kým mi o tom povedali.

Do toho času bol už pastor Lee paralyzovaný po celom tele. Ešte mal niekoľko svalových kŕčov a potom prešiel do úplného bezvedomia.

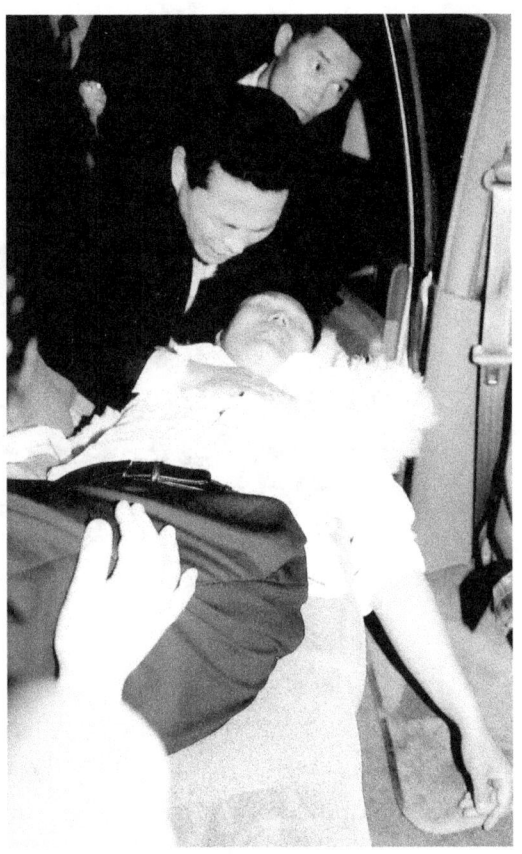

Pastor Lazarus Jaeho Lee prijíma modlitbu v bezvedomí

Asi o jedenástej večer som sa dozvedel správu a ponáhľal sa von. Pastor Jaeho Lee ležal v aute v mŕtvolnej tichosti. Jeho zreničky boli úplne rozšírené a jeho telo úplne studené a stuhnuté. Jeho rodina však verila, že len keby som naňho položil svoje ruky, môže byť oživený.

Slúži ako misionár v Latinskej Amerike (Mestská kongresová hala v Cuzco, Peru)

Keď som sa s vierou modlil k Bohu, ktorý oživuje aj mŕtvych, Boh ihneď odpovedal. V momente, keď som dokončil modlitbu, jeho telo sa uvoľnilo a znovu nadobudol vedomie. O ďalších 5 minút sa dokázal sám postaviť. Pastor Jaeho Lee si zmenil meno na „Lazár" Lee, hovoriac, že žije život navyše. V súčasnosti slúži ako misionár v Latinskej Amerike.

Kázne o knihe Genezis a zázrakoch

Boh mi vysvetlil 1. knihu Mojžišovu. 1. Decembra 2000 som začal sériu lekcií o 1. knihe Mojžišovej. Prebiehala na piatkových celonočných bohoslužbách a trvala 6 rokov. Pretože Boh je ten, čo stvoril všetky veci vo vesmíre, dokáže vysvetliť všetko, ešte aj z doby predtým, než sa započal čas.

Ani v dnešnej dobe, keď máme takú sofistikovanú a pokročilú vedu a znalosti, nedokáže nikto porozumieť veciam o dobe pred začiatkom času. Týmto veciam môžeme porozumieť, iba keď nám ich vysvetlí Boh.

Ako potom môžeme veriť, že je toto vysvetlenie pravdivé? Boh mi vysvetlil knihu Genesis po tom, čo začal v našom kostole preukazovať toľké mocné diela, ako tie, ktoré sú zapísané v Biblii.

Ježiš povedal: „*Ak neuvidíte divov a zázrakov, neuveríte*" (Ján 4:48). Tak, ako bolo povedané, ľudia dnes zvyčajne neveria, ani keď majú pred sebou dôkazy, a to je dôvod, prečo tak veľmi potrebujeme diela živého Boha.

5. apríla 2001 poriadala Misia žien nášho kostola malú konferenciu vedúcich skupín. Na konferencii mali špeciálny program s názvom „Pozorovanie oblakov". Plánovali ho už od januára toho roku.

Pretože nám Boh ukazoval mnoho zázrakov hviezd a padajúcich hviezd, plánovali tentokrát pozorovať oblaky. Modlil som sa za toto podujatie.

„Bože, na konferencii budú mať program pozorovania oblakov. Prosím Ťa, ukáž nám zázrak."

Boh odpovedal takto: *„Ukážem vám panorámu rôznych oblakov."*

Dostal som odpoveď na moju modlitbu a oznámil som ju členom dopredu počas piatkovej celonočnej bohoslužby 30. marca a tiež na nedeľnej bohoslužbe.

„Boh nám počas programu pozorovania oblakov ukáže panorámu rôznych tvarov oblakov."

Pretože sme toto podujatie plánovali toľko mesiacov dopredu, nemohli sme v skutočnosti vedieť, aké bude počasie v samotný deň udalosti. Nemohli sme vedieť, či nebude obloha plná tmavých oblakov alebo či nebude pršať. Ja som to však vyznal svojimi perami a smelo som sa za to modlil, pretože Boh mi už odpovedal.

V ten deň sa od ôsmej rána na oblohe javila jasná kruhová dúha. Ráno sme mali v telocvični konferenciu. Podujatie bolo naplánované v ten istý deň o tretej popoludní. Miesto bolo naplnení tisíckami veriacich, ktorí sem prišli z celej krajiny. Keď som vyšiel von s očakávaním, čo sa stane, videl som len veľmi jasnú oblohu bez akýchkoľvek oblakov.

Keď som sa modlil za to, aby sme mohli vidieť oblaky, podujatie sa začalo. Najprv sme mali otváraciu ceremóniu a veriaci pochodovali po pozemku. V tom čase sa okolo slnka začali množiť oblaky v tvare oviec a pomaličky začali pokrývať oblohu. Pohybovali sa zo západu na východ.

Nebol to pohyb oblakov, ktoré už boli na oblohe, ale sa otvorila nebeská brána, z ktorej začali vychádzať oblaky. Tieto oblaky v tvare oviec pokryli oblohu a potom zmizli. Potom sa objavili oblaky v tvare V, čo je symbol víťazstva. Sformovali sa aj oblaky v tvare prorokov a potom zmizli.

A keď na oblohu vyšli hrubé oblaky a zakryli slnko, vyzeralo takmer ako mesiac. Čoskoro sa zotmelo, ako keby bol neskorý večer. Boh nám ukázal, ako viedol izraelský ľud v 2. Mojžišovej do pustatiny.

Cez tieto zázraky zmien úkazov na nebi nám Boh dal porozumieť otváraniu „brány" alebo „okna" nebies. Bola to úžasná panoráma oblakov vytvorená Bohom na hodinu a pol. Bolo to fantastické.

Vreckovková výprava v Indonézii

Od 19. do 29. apríla roku 2001 sme vyslali našich pomocných pastorov a misijný tím do štyroch miest v provincii Iryan Jaya (Papua), v Indonézii, aby tam viedli vreckovkové výpravy.

„A oni vyšli a kázali všade a Pán spoluúčinkoval a potvrdzoval slovo tým, že ho sprevádzaly divy" (Marek, 16:20).

Misijný tím viedol výpravy a používal vreckovky, na ktorých som sa modlil. Kedykoľvek ma ľudia žiadajú, aby som sa modlil na vreckovkách, modlím sa takto: „Naplň tieto vreckovky stvoriteľskou mocou, aby kedykoľvek sa budú modliť s vierou, boli oživení zomierajúci a dokonca aj tí, čo už zomreli." Keď sa s vierou modlili s týmito vreckovkami, diali sa silné diela Ducha Svätého.

Na každom zhromaždení im Boh preukázal ohnivé diela

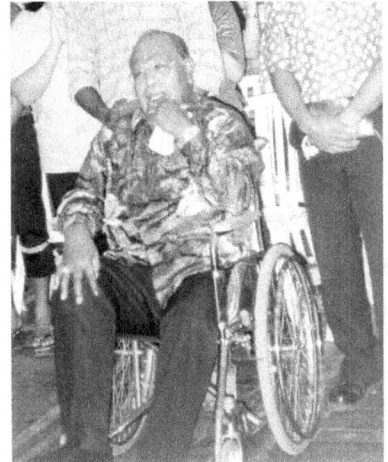

Jacob Patipi sa cez vreckovkovú modlitbu postavil z vozíka a chodil

Ducha Svätého. Keď misijný tím hlásal posolstvá a modlil sa s týmito vreckovkami, zlí duchovia odišli. Deti, ktoré od narodenia nemohli chodiť, začali chodiť, a tí, čo nepočuli, začali počuť. Dialo sa veľa divov. Všetko toto veľmi pozorne sledovala aj miestna tlač. Jedna miestna vysielacia stanica dokonca náš misijný tím pozvala do svojho naživo vysielaného programu.

Štátny guvernér sa postavil z vozíka

V tom čase mal štátny guvernér provincie Iryan Jaya v Indonézii, pán Jacob Patipi, 65 rokov. V roku 1996 dostal na následok vysokého krvného tlaku infarkt, spadol a postihla ho čiastočná paralýza. Výpravy sa zúčastnil na vozíku. Aj s pomocou ďalších štyroch ľudí sa mu chodilo len ťažko. Navyše nemohol dobre rozprávať ani dobre nepočul.

Keď sa však zaňho náš pomocný pastor modlil, položiac naňho vreckovku, postavil sa z vozíka a chodil. Mohol tiež hovoriť a začal počuť. Po skončení výpravy sme dostali ďakovný list od štátu Iryan Jaya, v ktorom stálo, že pán Jacob Patipi bol odvtedy schopný žiť normálny život.

Diela Ducha Svätého otriasajú parkom Uhuru

V júni 2001 sme poriadali výpravu v Keni, bráne východnej Afriky. Stvoriteľská moc, ktorá pôsobila na pakistanskej výprave, bola prítomná aj na tejto výprave. Pred touto výpravou sme poriadali Konferenciu pastorov v Medzinárodnom konferenčnom centre Kenyatta v Nairobi.

Vysvetľoval som tu, že Boh existoval ešte pred začiatkom času. Tiež som hovoril o vzbure Lucifera, o záhrade Eden a o duchovnej ríši. Účastníci boli veľmi pozorní s túžbou po slove života. Niektorí z nich dokonca preskočili obed, aby si udržali miesta.

Na ďalší deň prišlo asi 8 000 účastníkov. Bolo to o 2 000 ľudí viac ako prvý deň. Bolo to preto, lebo niektorí pastori, po tom, čo počuli nejaké falošné chýry, spočiatku nespolupracovali, veľa z nich však nakoniec na konferenciu prišlo na druhý deň. Niektoré tamojšie kórejské misie vykonštruovali dokumenty a rozposlali

Spojená výprava v Keni (park Uhuru)

ich kostolom a tlači, v pokuse prekaziť konanie výpravy.

Od 29. júna do 1. júla sa v parku Uhuru konala Veľká výprava. Pódium bolo otočené priamo oproti slnku. Nebolo jednoduché kázať s tvárou priamo proti slnku.

Boh však aj tu preukázal Svoje dielo. Keď som prišiel ku kazateľnici, aby som začal kázať, začali sa hýbať oblaky a slnko zakryli. Keď oblaky zakryli slnko, mohol som kázať bez problémov.

Ľudia boli v úžase, keď videli, ako sa toto zopakovalo počas troch nasledujúcich dní. Ešte aj miestny šofér, ktorý šoféroval moje auto, povedal, že ho to veľmi prekvapilo.

Od prvého dňa výpravy bolo pódium plné ľudí, ktorí sa chceli

podeliť o svoje svedectvá uzdravenia skrze modlitbu. Park Uhuru každý deň naplnilo viac ako sto tisíc ľudí.

Bolo tam dieťa, ktoré malo jednu nohu kratšiu ako druhú a nemohlo dobre chodiť. Dieťa bolo uzdravené a začalo skákať. Veľa ľudí sa uzdravilo z AIDS a rôznych iných ochorení. Keď som videl ich šťastie, bol som tiež veľmi šťastný a cítil som zadosťučinenie.

Na ďalší deň sme mali obedné stretnutie s členmi miestneho organizačného výboru. Veľa biskupov bolo prekvapených týmito úkazmi Božej moci a pýtali sa ma, ako by aj oni mohli získať takúto Božiu moc.

Odznelo niekoľko poznámok ako:

Chromá pani začala chodiť

„Bolo to prvýkrát, čo som videl toľko ľudí uzdraviť sa naraz a bolo to ešte úžasnejšie preto, lebo ste sa za nich nemodlili za každého zvlášť."

„Cítil som sa, akoby som videl scény z Biblie spred dvetisíc rokov."

„Nedokázal som dokonale veriť Biblii, cez túto výpravu som sa však skutočne uistil, že Biblia je pravdivá."

Všetci Boží služobníci túžia preukazovať Božiu moc tak, ako Ježiš potvrdzoval Svoje slovo divmi, ktoré nasledovali. Nebolo však jednoduché vysvetliť to za taký krátky čas.

Počas letu späť do Kórey som z okna videl kruhové a rovné dúhy.

Oživenie mŕtvych korienkov vlasov

V roku 2001 mal brat Heehoon Park na hlave husté vlasy, avšak ešte keď bol v 7. triede, začal z neznámeho dôvodu plešivieť. Po troche strácal vlasy a keď bol na strednej škole, zostalo mu ich na hlave už len zopár. Aj jemu samému to pripadalo zúfalé, a tak si radšej hlavu oholil.

Lekári povedali, že to bol veľmi zriedkavý prípad kruhovej straty vlasov. Povedali tiež, že to nebolo tým, že by boli korienky vlasov slabé, ale preto, že boli odumreté. Nebolo tu žiadnej pomoci.

Medicínska liečba vôbec nefungovala. Skúšal aj nejaké bylinkové lieky, ale ani tie nefungovali. Využil aj ľudové liečiteľstvo a niektoré veľmi drahé lieky, ale nič nefungovalo.

Keď bol v poslednom ročníku strednej školy, začal chodiť do nášho kostola. V roku 1998 sa zúčastnil Dvojtýždňového špeciálneho obrodzovacieho stretnutia a jeho vlasy začali znovu rásť. Keďže sme tiež mali Muanskú sladkú vodu, postrekoval si ňou vlasy.

V roku 2001 sa jeho vlasy úplne obnovili. Mŕtve korienky vlasov sa milosťou Boha oživili a jeho vlasy ozdraveli.

Začiatok najvyššej stvoriteľskej moci

Filipínci sú prevažne rímskokatolícky národ, kde má veľa ľudí sošky Panny Márie. Často je tu vidno ľudí, ktorí žiadajú Máriu o požehnania. V septembri 2001 Boh dovolil, aby bola na filipínskej výprave preukázaná Najvyššia stvoriteľská moc, konečný stupeň Jeho moci.

Keď som sa modlil za filipínsku výpravu, Boh povedal, že dá cez túto výpravy všetkým rímskokatolíkom po celom svete konečnú výstrahu. Znamená to, že už ich v minulosti varoval prostredníctvom akýchsi „budíčkov".

Raz som počul správu, že socha Márie ronila krvavé slzy. Samotní rímskokatolíci si však neuvedomili, prečo im Boh zjavil takúto vec.

Mária, Boží nástroj

Panna Mária je len stvorenie, tak ako všetci ľudia. Keď však Ježiš prišiel na túto zem v ľudskej forme, bola to Mária, ktorú Boh použil na to, aby Ježiša porodila. Napriek tomu však Mária nemôže byť Ježišovou matkou.

Pretože bol Ježiš počatý z Ducha Svätého, pri Svojom počatí neprijal vajíčko Márie ani Jozefovu spermiu. Pretože neprijal Máriine vajíčko, nemôže byť teda Ježišovou matkou. Pretože Ježiš neprijal Jozefovu spermiu, nemôže byť Jozef Ježišovým otcom. Preto v Biblii vidíme, že Ježiš nikdy Máriu nenazval matkou.

„Ženo, hľa, tvoj syn!" (Ján 19:26)

Toto bolo zaznamenané apoštolom Jánom, keď stál v blízkosti Ježiša, ktorý bol na kríži. Ježiš nenazval Máriu „matka", ale „žena". „Syn" tu označuje apoštola Jána.

V Jánovi 2:4 tiež Ježiš hovorí Márii: *„Čo mám s tebou, ženo? Ešte neprišla moja hodina."* Ježiš použil označenie „žena" vo význame, že prišiel na túto zem ako Spasiteľ.

Ježiš, náš Spasiteľ, je jeden z trojjediného Boha a samotný Stvoriteľ, preto nikdy nemôže mať matku. Preto Ježiš nikdy Máriu nevolal „matka", ale označoval ju ako „žena".

Keď si katolíci robia sochy Márie a uctievajú ich, je to proti Desatoru Božích prikázaní, ktoré nám hovorí, aby sme si nerobili modly nijakého druhu, ani sa im neklaňali ani ich neuctievali.

Keď sa Panna Mária díva z neba a vidí, že ľudia zobrazujú Ježiša len ako bábätko po jej boku a uctievajú ju, stvorenie, nemala by také zlomené srdce, že by ronila krvavé slzy?

Tajfúny utíchli

Na Filipínach je od júna do októbra sezóna tajfúnov a hurikánov a niekoľkokrát za deň tam prší. Silné dažde spôsobujú dopravné zápchy. 24. septembra 2001 sme asi o 11. večer prileteli na Medzinárodné letisko v Manile. Kvôli vplyvu tajfúnov tu boli silné vetry a trochu pršalo.

Ihneď po príchode sme mali v hoteli Manila tlačovú konferenciu. Zdalo sa, že reportérov najviac zaujímal smer tajfúnov a následky teroristického útoku z 11. septembra.

„Momentálne sme pod vplyvom tajfúnu a čoskoro príde ďalší. Budete schopní mať výpravu na verejnom priestranstve? Očakávate nejaké problémy kvôli teroristickému útoku z 11. septembra?"

Informoval som ich: „Odteraz už nebude pršať a zmiznú aj tajfúny. Pretože je Boh s nami, neudejú počas tejto doby nijaké vojnové skutky ani nehody. Prosím, neobávajte sa."

Smelo som to takto prehlásil, pretože doteraz bol Boh vždy s nami a na podujatí pod holým nebom nám nikdy nepršalo. Zdalo sa, že reportéri mi neverili. Boh však naplnil, čo som povedal.

V protiklade s predpoveďou počasia, tajfún s rýchlosťou vetra 130 km/h náhle zmenil smer a začal sa pohybovať smerom k Thajsku. Ďalší tajfún stíchol a oslabol, ako keby bol narazil na silnú stenu a proste zanikol.

Leto na Filipínach je väčšinou veľmi horúce a veľmi vlhké. Kým sme tam však boli my, mali sme veľmi jasné počasie s chladným vetríkom. Miestni pastori boli veľmi šťastní a vraveli, že len keď videli poveternostné podmienky, boli si istí, že Boh bol s nimi.

Pocítenie Najvyššej stvoriteľskej moci

26. septembra 2001 sme v Medzinárodnom konferenčnom centre v Manile poriadali Konferenciu pastorov s asi 5 000 účastníkmi.

27. septembra ráno sme mali Konferenciu pastorov a poobede prvú výpravu v manilskom parku Luneta. Aj tu sa uzdravilo mnoho ľudí.

Jedným z nich bol basketbalista menom Gilbert Ondinal. Gilbertovi sa počas jednej hry basketbalu prihodila nešťastná nehoda. Zlomil a vykrútil si kosť v nohe. Aby mohol chodiť, potreboval do dvoch kostí operačne implantovať kovové tyče.

Nemohol si však operáciu dovoliť. Rok sa trápil s barlami. Keď však na Konferencii pastorov toho dňa prijal modlitbu, celé jeho telo zaplavila horúčava a bolesť odišla.

Po skončení konferencie chcel ísť Gilbert na výpravu do parku Luneta, ale zmeškal autobus. Vybral sa teda peši za pomoci bariel. Nato zistil, že jeho bolesť odišla v nohách mal silu. Odhodil barly a šiel viac ako 2 km peši, aby sa dostal na miesto výpravy.

Boh sa z jeho túžby po Božej milosti tešil a umožnil mu kráčať s novou silou.

Neskôr Gilbertovi nohu skontrolovali v nemocnici a zistili, že sa mu zlomené kosti úplne opravili a zrástli. Noha bola normálna. Neskôr nám napísal, že znovu dokázal hrať basketbal.

V parku Luneta

Už od prvého dňa bohoslužieb a chvál výpravy sa diali silné diela Ducha Svätého. Niektorí, čo prišli na nosidlách, vstali a chodili, a niektorí z nich svedčili, že boli uzdravení v momente, keď dorazili na miesto výpravy. Niektorí sa uzdravili počas počúvania posolstva. Bol tu človek, ktorý keď prechádzal okolo, počul zvuk chvál a zúčastnil sa výpravy. Tomuto človeku sa po 10 rokoch, čo nevidel, navrátil zrak.

Po posolstve som dokončil modlitbu za chorých. Odrazu ku mne spod pódia nejakí ľudia priniesli muža, ktorý bol tuhý ako drevo.

Bol ako kus polena. Mal nejaké problémy so srdcom a náhle odpadol. Jeho telo stuhlo ako skala a jeho zreničky boli ako zreničky mŕtveho človeka.

Obával som sa, že ak by tam zomrel, mohol by som zahanbiť Boha. Rýchlo som zišiel dolu a kým som naňho kládol ruky, modlil som sa v mene Ježiša Krista. V momente, keď som dokončil modlitbu, nadobudol vedomie a posadil sa.

Boh takto silno pôsobil Najvyššou stvoriteľskou mocou. Bol som taký vďačný za Božiu milosť, že preukázal dielo takejto obrovskej moci. Keď som sa však vrátil do hotela, rozplakal som sa. Cítil som pred Bohom veľkú hanbu, že som Jeho vôľu neuskutočnil ešte veľkolepejšie.

Proroctvá o situácii vo svete

V roku 1982, nie dlho po otvorení kostola, mi Boh zjavil, že svet bude mať tri hlavné mocnosti: Spojené štáty, zjednotenú Čínu a Rusko a EÚ (Európsku Úniu).

Zjavil mi tiež, že sa Spojené štáty budú čoraz viac a viac izolovať a ich moc bude oslabená. Vysvetlil mi, že dokonca ich spojenci im jedného dňa ukážu chrbát a postavia sa proti nim, sledujúc svoje vlastné blaho.

Keď boli Spojené štáty prvýkrát založené, mali vieru a ctili si Boha, a Boh ich požehnal tak, že sa stali najsilnejším národom sveta. V dnešnej dobe sa však mnoho obyvateľov Spojených štátov Bohu skôr vyhýba.

Boh mi zjavil, že Čína sa spojí s Ruskom. Budú spolu prevádzať vojenské cvičenia a čoraz viac narastať na sile. Krajiny, ktoré kedysi nasledovali USA, sa obrátia k Číne.

V skutočnosti dnes vidíme, že mnoho krajín Latinskej

Návšteva v Dubaji

Ameriky a Afriky nadväzuje lepšiu spoluprácu s Čínou ako s USA. Keď som hlásal posolstvo o týchto veciach, bolo to dlho predtým, než Čína začala prenikať do medzinárodnej spoločnosti. Členovia kostola boli preto skôr zaskočení a neodpovedali s „Amen".

Keď povážili realitu tej doby, bolo pre nich ťažké veriť. Boh mi tiež dal vedieť, že sa svetová ekonomika zhorší. Ceny ropy budú stúpať a krajiny Blízkeho východu sa spoja, aby ropu použili ako zbraň proti ostatným krajinám.

V júni 2001 mi Boh vysvetlil, že svet bol teraz v ére neobmedzenej súťaže. Znamenalo to, že národy, bez ohľadu na svoje politicko-ekonomické systémy, či sú demokratická alebo komunistická krajina, sa buď spoja, alebo sa voči sebe postavia chrbtom, podľa toho, ako im to bude výhodné.

Ak by sa mali stať spojencami v minulosti, spolupráca by trvala dlhý čas. Teraz to však už nie je pravda. Je to preto, že sa svet blíži ku koncu.

Začalo sa to terorom 11. septembra

Väčšinu kresťanov zaujíma čas Pánovho druhého príchodu. Keď sa učeníci pýtali Ježiša na znamenia konca dní v Matúšovi, kapitole 24, Ježiš im dal odpoveď.

„A budete slýchať o vojnách a chýry o vojnách. Hľaďte, aby ste sa nestrachovali, lebo to všetko sa musí stať, ale ešte nie je koniec. Lebo povstane národ proti národu a kráľovstvo proti kráľovstvu, a bude bývať hlad a mor, a zemetrasenia budú miestami. A to všetko je počiatkom preporodných bolestí sveta" (Matúš 24:6-8).

21. októbra 2001 som kázal posolstvo s názvom „Čo bude znamením konca časov?" Toto je jeho výňatok:

„Ako už viete, 11. septembra sa prihodila veľká tragédia, ktorá šokovala celý svet. Bol to teroristický útok na srdce Spojených štátov. Spojené štáty prisahali odvetu a vypukla vojna. V súčasnosti je celý svet v napätí.

Je to alarm, ktorý nás má varovať pred začiatkom konca času. Je to tiež dôvod, ktorý by neskôr mohol priniesť 3. svetovú vojnu, ktorú Boh dovolí. Pravdaže, to, že ju dovolí, v žiadnom prípade neznamená, že Boh vojnový stav spôsobí.

Znamená to, že Boh nezabráni, aby sa tak stalo, lebo je to spôsobené hriešnosťou ľudí. Započnúc terorom 11. septembra nám Boh hovorí, že sa budú diať pohromy konca času.

Pretože sa Spojené štáty stali obeťou terorizmu, získali si sympatie sveta a ich spojenci im prisľúbili väčšiu spoluprácu. Ale ako bude vojna pokračovať, krajiny Blízkeho východu, ako aj európske krajiny sa zjednotia a postavia sa proti USA. Nakoniec toto vyústi v niečo ako bitku medzi kresťanstvom a islamom."

„Tento teroristický útok je možné považovať za spúšťač 3. svetovej vojny. Hlad a zemetrasenia sú prítomné každoročne.

Keď pri nejakom incidente zomrú tisícky ľudí, nepovieme, že je to začiatok pohromy konca časov. Ale tento nevídaný teroristický útok proti Spojeným štátom šokoval celý svet. Takýto druh incidentu je možno nazvať začiatkom pohrôm a kalamít.

Voči Spojeným štátom osobne necítim nijakú zaujatosť a vôbec by som nechcel niekoho uraziť. Je mi veľmi ľúto, že sa takéto niečo stalo. Chcem sa len pokúsiť vysvetliť situáciu z Božieho pohľadu, aby z toho ako národ mohli získať prospech. Boh mi vysvetlil veci nasledovne:

Ak by ich bol Boh ochraňoval, takáto vec by sa v skutočnosti nemohla stať. Narozdiel od začiatkov tohto národa, sa Spojené štáty vo svojej viere zmenili. Niektoré cirkvi dokonca vysväcujú pastorov homosexuálov.

Keď sa udeje takáto pohroma, ak majú pravdivé srdcia,

mali by sa najskôr pozrieť na seba a porozmýšľať, prečo ich Boh neochránil a oľutovať svoje neprávosti.

Keď Boh oznámil Svoj trest obyvateľom Ninive, kráľ aj ľud sa kajali a postili. Rovnakým spôsobom sa mali obyvatelia Spojených štátov na čele s prezidentom pokorne kajať pred Bohom. Mali hľadať spôsoby, ako by cez odpustenie a zmierenie mohli byť s každým v mieri.

Ale keďže sa hrdia titulom najsilnejšej krajiny sveta, mysleli si, že to, čo sa stalo, môžu odplatiť svojou mocou. Pokúšali sa konať v zmysle „oko za oko, zub za zub". Toto im však spôsobilo ešte viac ťažkostí.

Čím viac USA pokračuje v pevnom rozhodnutí odplácať sa silou, tým viac upadajú do ťažkostí politicky, ako aj ekonomicky. Keď oslabuje hospodárstvo Spojených štátov, spôsobuje to problémy hospodárstvu celého sveta.

Krajiny Blízkeho východu sa navzájom zjednotia, aby sa postavili proti USA. Ropa bude ich zbraňou na kontrolu svetového hospodárstva. Veľa krajín sa bude báť terorizmu a rozhodnú sa, že pre nich viac nie je prospešné spolupracovať s USA. Začnú sa odťahovať."

„Po celom svete existuje mnoho príčin vojny. Len na Blízkom východe prechováva voči USA veľa krajín nepriateľské pocity, vrátane Iránu, Iraku a Sýrii. Po celom svete sa deje mnoho teroristických útokov.

Existuje dôvod, prečo vojnový stav, ktorý bude jedným z príčin konca časov, vypukol v Afganistane. Ak by boli boje vypukli na mieste, kde by vytvorili veľké konflikty po celom Blízkom východe, mohli by sa rýchlo rozvinúť do 3. svetovej vojny a následne by zachvátili celý svet.

Ale ako povedal Ježiš, tieto veci majú prísť, ale nie je
to koniec. Nie je to koniec, ale počiatočný bod pohrôm
a kalamít, ktoré sa budú diať v plnom meradle. Ide tu
tiež o vytvorenie príčiny 3. svetovej vojny, a preto bol
vybraný práve Afganistan.

Tento koniec príde po tom, čo už sme my boli
vychvátení do povetria. A je to ten incident, ktorý
prináša príčinu konca. Tento incident rozosial semená
vojny, do ktorej budú zapojené všetky krajiny Blízkeho
východu."

„Čo sa teda stane s Kóreou? Keď Kórea dospeje do
bodu, keď už pre ňu vzťah so Spojenými štátmi nebude

užitočný, začneme hľadať oporu niekde inde. Pretože bude prevládať hospodársky chaos, vrátane ropného šoku, bude mať prirodzene i naše hospodárstvo problémy.

Boh má však plán uskutočniť niečo cez túto krajinu počas posledných dní, a tak nás do určitej miery ochráni od posledného súženia.

Predovšetkým, cesta bude otvorená cez náš kostol. Boh nám dovolil poriadať zámorské výpravy v Ugande, Pakistane, Keni a krajinách obklopujúcich Blízky východ.

Boh nám veľakrát povedal, že porozumieme tomu, prečo nám dal poriadať výpravy v týchto krajinách. Povedal nám, že správa o mne a o našom kostole sa už rozniesla ďaleko k hlavným orgánom islamských krajín."

Kapitola 6

Len v mene Ježiša Krista

Aj s doráňanými rukami

Pred piatkovou celonočnou bohoslužbou zvyknú do môjho domu prichádzať okolo tretej hodiny členovia nášho kostola. Stretnutie s nimi začínam o štvrtej. Aj keď len na krátky čas, radia sa so mnou a ja radím im, modlím sa za nich a potriasam si s nimi rukami. Zvyčajne končíme okolo 6. večer.

Potom idem do kostola a začínam ďalšiu sériu stretnutí s členmi kostola. Keď o 11. začne bohoslužba, cítim, že moja energia slabne, ale Boh mi pomáha a podporuje ma, a tak môžem mocne kázať.

Dokonca aj v nedeľu prichádzajú do môjho domu členovia kostola už skoro ráno. Zo súcitu, ktorý cítim, lebo sú už tam a čakajú, vychádzam skoro ráno, aby som ich privítal. Stretnutia začínajú pred piatou ráno. Počúvam ich problémy a modlím sa za nich. Trvá to asi tri hodiny a potom idem do kostola.

Od piatkovej celonočnej bohoslužby až do nedeľnej bohoslužby takto potrasiem rukou tisíckam členov, až je moja ruka doškriabaná, doráňaná a dokonca krváca. Aj keď je moja ruka každý týždeň doškriabaná a dorezaná, mám dôvod aj naďalej v týchto stretnutiach pokračovať.

Je to Božia milosť, že členovia kostola, od detí až po starých ľudí, milujú svojho pastiera, a že sa s ním chcú stretnúť a pozdraviť ho. Modlím sa za nich a potriasam si s nimi ruky, aby na nich prešla Božia moc a oni mohli získať odpovede na svoje modlitby.

Keď vidím členov radovať sa, po tom, čo boli uzdravení z vážnych ochorení alebo keď získajú odpovede, a keď vidím tých, ktorí dostanú odpovede na svoje problémy len tým, že si so mnou potriasli rukou, a tak vzdajú Bohu chválu, cítim zadosťučinenie a dostávam novú silu.

Čo by urobil Ježiš? Modlím sa za každého celou svojou silou a kladiem svoju ruku na každé bábätko a každé dieťa bez toho, že by som niektoré zanedbal.

Nasledovanie cieľa

Príchodom roku 2002 mi dal Boh nový cieľ. Týmto cieľom bolo vykonávanie Najvyššej stvoriteľskej moci. Najvyššia stvoriteľská moc je pôvodná Božia moc, ktorou vytvoril nebesia a zem, len skrze Svoje slovo. Na Jeho príkaz napríklad slepí začnú vidieť, hluchí počuť a chromí chodiť.

Ako zaznamenáva Biblia, veci môžu byť vytvorené z ničoho, len prostredníctvom vysloveného slova. Najvyššia stvoriteľská moc dokáže zo suchých kostí postaviť armádu. Dokáže otvoriť papuľu somára, aby hovoril. Keď sa tento typ stvoriteľskej moci vykonáva bez akýchkoľvek prekážok, môžeme povedať, že je dokonalá. Najvyššia stvoriteľská moc má kontrolu nie len nad fyzickým svetom, ale tiež neviditeľným duchovným svetom.

Aby som mohol vykonávať Najvyššiu stvoriteľskú moc, Boh mi vysvetlil, že musím prejsť tromi skúškami, tak ako aj Ježiš prešiel tromi skúškami. Ježiš je Syn Boží, narodil sa však ako človek, aby sa stal Spasiteľom. Preto bol aj on vystavený skúškam ako obyčajný človek. Je to tiež spôsob, ako možno uskutočňovať moc Jeho slovom vo fyzickom ako aj duchovnom svete.

Ježiš vždy ovládal Najvyššiu stvoriteľskú moc, začal ju však preukazovať až po tom, čo prešiel tromi skúškami. Na svadobnej hostine premenil vodu na víno. Päťtisíc mužov nakŕmil piatimi bochníkmi chleba a dvomi rybami. Svojím slovom utíšil vietor a more. Všetko toto boli stvoriteľské diela. Keď rozkázal svojím slovom, paralyzovaní chodili a malomocní boli očistení.

Povedal tiež, že môže povolať viac ako dvanásť légií anjelov (Matúš 26:53). Aby však dodržal prirodzené usporiadanie, spravodlivosť, a aby naplnil vôľu Otca, neučinil tak, aj keď mal moc a právo vládnuť nad duchovným ako aj fyzickým svetom.

Vo februári 2002 som odišiel na druhú modlitebnú sériu v horách. Počas modlitby mi Boh dovolil uvedomiť si, že skúšky, cez ktoré som prešiel odkedy som bol povolaný ako služobník Boží, boli všetky na to, aby som mohol prijať Najvyššiu stvoriteľskú moc. Prehral mi tiež veľmi zaujímavú alegóriu.

Plavím sa v nej na lodi menom Manmin a Boh nám poslal silný tajfún. Spomeňte si, že v roku 1998 a 1999 otriasol kostolom cez tri skúšky. Niektorí ľudia zoskočili z lode a spadli do mora. Iní váhali a rozmýšľali, či majú skočiť alebo nie. Napriek tomu sa však ostatní držali zábradlia a lán, pokúšajúc sa nespadnúť.

Boli tam aj ľudia, ktorí odišli do svojich kabín a pohodlne spali, aj keď sa loď otriasala. Boh týchto ľudí chválil.

Duchovne som ja bol kapitánom lode Manmin. Tí, čo váhali či majú skočiť alebo nie, mali v sebe boj medzi dvoma druhmi sŕdc, pretože ich pokúšal Satan. Pravdaže, Boh mal s nimi zľutovanie a zachránil aj týchto ľudí.

Tí, čo spali v kabínach, tak mohli urobiť preto, lebo dokonale dôverovali kapitánovi. Vidím, že títo ľudia sú tí, čo vyrástli a stali sa duchovnými bojovníkmi. Sú to tí, ktorým sa dostalo veľa požehnania.

Cez tieto tri skúšky si mohli členovia kostola overiť svoju vieru. Dôvod, prečo na nás Boh dopustil takéto skúšky bol, aby nás viedol do nového Jeruzalema, a aby uskutočnil Svoju prozreteľnosť svetovej misie a stavbu Veľkej svätyne.

V tejto prozreteľnosti Boh dovolil Satanovi, aby nás skúšal, my sme to však s vierou prekonali. Boh na mňa dopustil mnoho skúšok, ktoré boli neznesiteľné. Ale keď som ich prekonal, Boh mi dal ešte väčšiu moc. Nakoniec mi dal Najvyššiu stvoriteľskú moc. Nebolo ničoho, z čoho by ma bol nepriateľ Satan mohol obviniť. Boh na mňa dopustil tieto skúšky, lebo to bol koniec všetkých skúšok.

Uzdravenie z rakoviny nosa potrasením ruky

V januári 2002 som dostal list od diakonky Hoim Chooovej. Písalo sa tam nasledovné:

„V decembri 2001 žila moja svokra v Mokpo a náhle sa jej spustila krv z nosa. Išla teda do neďalekej nemocnice a tam jej povedali, že má ísť do väčšej nemocnice v Soule. Keď prišla do Soulu, stanovili jej diagnózu v dvoch nemocniciach. Mala rakovinu nosa.

Bola už pomerne rozšírená. Lekári navrhovali operáciu, pri ktorej by odstránili nosovú kosť a nahradili ju umelou kosťou. Moja svokra krvácala viac ako 15 dní a v nose mala gázu.

Dva dni po stanovení diagnózy som sa zúčastnila piatkovej celonočnej bohoslužby. Po skončení bohoslužby som si na dlaň napísala názov ochorenia mojej svokry. Potom, keď ste prechádzali okolo, potriasla som si s vami rukou, starší pastor. Cítila som úprimnú túžbu, aby Boh cez vás preukázal Svoju moc. V sobotu skoro ráno, keď som sa po celonočnej bohoslužbe vrátila domov, bola tam jedna moja príbuzná z vidieku.

Povedala som jej, „Napísala som si na dlaň názov ochorenia mojej svokry a potriasla si rukou so starším pastorom, aby ju Boh vyliečil."

Vyznala som svoju vieru, že ju Boh vylieči. Svokre som zavolala v sobotu ráno okolo 7:30. Už vtedy som vedela, že sa stal zázrak.

Moja svokra povedala, „Hoim, ráno som sa zobudila a z nosa mi nešla žiadna krv."

Vtedy som si myslela, že to len krvácanie prestalo. Nevedela som, že sa úplne uzdravila z rakoviny. 2. januára 2002 som ju zobrala do nemocnice na operáciu.

Tesne pred operáciou jej spravili konečnú kontrolu. Lekár povedal, „Je to čudné, nemáte žiadnu rakovinu." Rakovina zmizla! Okamžite ju prepustili z nemocnice.

S vierou som si potriasla rukou za moju svokru, ktorá nemala veľa viery a Boh ju vyliečil. Okrem toho, keď môj muž prijal modlitbu za chorých na novoročnej bohoslužbe, uzdravil sa z hnačky, ktorá ho trápila dva mesiace. Bol veľmi šťastný a teraz rozpráva svoje svedectvo ľuďom okolo seba."

Svokra diakonky Hoim Chooovej teraz navštevuje náš kostol a teší sa dobrému zdraviu. Najvyššia stvoriteľská moc dokáže nie len uzdraviť ochorenia obyčajným dotknutím sa fotografie pacienta alebo modlitbou nad ňou, ale môže tiež meniť poveternostné podmienky.

Uzdravenie z rakoviny cez vreckovkovú modlitbu

Soonchang Shim býva v Hampyeongu, provincii Čollanam.
V apríli 2002 začal mať závrate a ťažko sa mu chodilo. Keď močil,
cítil veľkú bolesť a v moči mal krvné zrazeniny.

Diagnostikovali mu rakovinu mechúra, ktorá sa rozsiahle
rozšírila. Lekár povedal, že je tu veľká šanca, že sa rakovina rozšíri
do pľúc a navrhol, aby podstúpil operáciu v jednej z najväčších
nemocníc v Soule. Hospitalizovali ho v Ženskej univerzitnej
nemocnici Ehwa. Na žiadosť diakonky Soollay Shimovej, ktorá
chodievala do nášho kostola, ho do nemocnice prišiel navštíviť
jeden z našich pastorov.

Pastor pacientovi vysvetlil, že môže byť uzdravený vierou, ak
oľutuje, že nežil podľa Božieho Slova a ak bude dodržiavať Božie
Slovo. Pastor sa tiež zaňho modlil s vreckovkou.

Vreckovka, ktorú použil, bola tá, na ktorú prijal moju
modlitbu. Boh preukázal ohnivé diela Ducha Svätého, keď sa
ľudia s vierou modlili s týmito vreckovkami.

Po tom, čo prijal modlitbu, nemohol kvôli veľkej bolesti spať. O štvrtej ráno sa bol vymočiť a niečo, čo mu ťažko tlačilo na žalúdok, vyšlo z jeho tela.

Vyšla z neho rakovina. Odvtedy už pri močení necítil bolesť a aj jeho moč bol čistý. Na ďalší deň mu stanovili konečnú diagnózu pred operáciou a zistili, že bol úplne v poriadku. Bol okamžite prepustený.

Aj po operácii by bolo preňho ťažké úplne sa uzdraviť, keďže sa rakovina už rozšírila. Ale cez vreckovkovú modlitbu zakúsil Božiu moc a uzdravil sa.

Nie len z Kórey, ale aj z celého sveta každý týždeň dostávame svedectvá od tých, čo sa uzdravili cez modlitby s vreckovkou, na ktorej som sa modlil. Môžem za to len vzdávať vďaku a slávu Bohu.

Úprimný plač

Výročné Dvojtýždňové špeciálne obrodzovacie stretnutie bolo nebeskou hostinou, kde ľudia zažili silné Božie diela. Trvalo od 6. do 16. mája 2002 a malo názov „Moc".

Keď som sa za toto obrodenie modlil, Boh mi dal vedieť, že sa bude v pondelok druhého týždňa v uzdravovaní koncentrovať na tých so zlým zrakom, v utorok na tých, ktorí majú rôzne postihnutia a nedokážu chodiť, a v stredu na tých, čo nepočujú ani nehovoria. Dal mi tiež vedieť, že sa uzdraví mnoho ľudí.

V nedeľu, 5. mája ráno, nad kostolom žiarila kruhová dúha. Keď som ju videl, očakával som, že bude Božia moc na obrodení odhalená ešte väčšmi.

Boh nám zjavil stvoriteľské diela viac, ako sme očakávali. Slepí začali vidieť, nemí hovoriť a mnohé ochorenia boli vyliečené. Bolo to presne ako v Biblii.

Ako sa len radujem, keď sa ľudia uzdravujú cez moju

najúprimnejšiu modlitbu! Kedykoľvek som hlasno zavolal: „Pane!" Volal som s celou svojou energiou.

Pri mocných a častých dielach Ducha Svätého sa uzdravili stovky ľudí a naplnili oltár. Ľudia prichádzali k nižšiemu oltáru, aby svedčili o zázrakoch, ktoré sa udiali na ich telách.

Tak, ako Boh prisľúbil, skrze lúče uzdravujúceho svetla mnoho ľudí zahodilo svoje okuliare, iní barly a boli tam aj takí, čo sa postavili zo svojich vozíkov.

Niektorí ľudia, ktorým sa otvorili duchovné oči, videli ohnivú guľu, rýchlo sa točiacu z mojej hrude. Oheň s mocou Ducha Svätého vychádzal cez moje ruky. Niektorí tiež videli anjelov dotýkať sa chorých a zmäkčovať tuhé kosti.

Na tomto obrodení sa predovšetkým navrátil dobrý zrak tým, ktorí ho mali zlý. Dokonca aj slepí začali vidieť. Aj tí, čo nevideli kvôli kataraktom a cukrovke, začali vidieť. Boli tam tiež mnohí, čo sa postavili z vozíčkov. Uzdravili sa aj ľudia postihnutí detskou obrnou. Veriaci, ktorí ich pozorovali, sa spoločne radovali a vzdávali Bohu chválu.

Prudká a silná smršť Ducha Svätého

Boh nám dal päť evanjelií svätosti a stvoriteľskú moc, pretože tvoria silnú duchovnú zbraň na uskutočnenie svetovej misie v tomto svete, ktorý je plný hriechov a temna. Kdekoľvek prídeme, výbušne mocné diela Ducha Svätého obracajú mnoho ľudí k Pánovi.

Stiahnutie kandidatúry na predsedníctvo

Honduras je prevažne rímskokatolícka krajina. Trpí chudobou a rôznymi ochoreniami.

Pred tým, než som sa tam vybral, ma naši zamestnanci, ktorí tam pripravovali výpravu, informovali, že verejná bezpečnosť tam bola zlá. Dozvedel som sa, že dokonca aj civilisti tam nosia zbrane a je to tam nebezpečné.

Povedali tiež, že kvôli horúcemu počasiu tam niektorí ľudia zomreli na následok uštipnutia moskytami. Keď som sa za to modlil, Boh mi dal odpoveď, že On už obklopil mesto a miesto konania výpravy svetlom Svojej moci, a že nebeská armáda a anjeli strážia túto oblasť. Nemusel som sa teda ničoho obávať.

23. júla 2002 som dorazil na medzinárodné letisko San Pedrosula. Privítalo nás asi 1 700 miestnych obyvateľov. Medzi nimi aj kongresman, pán Esteban Handal. Kongresman Handal zohral dôležitú úlohu v usporiadaní výpravy v tejto krajine.

Bol zároveň prezidentským kandidátom. Bol dobre známy ako kongresman, obchodník, a tiež kresťanský reportér.

Odkedy sa zúčastnil našej výpravy na Filipínach v roku 2001 a bol priamym svedkom aktívnej Božej moci, jeho život sa zmenil.

Spýtal sa ma: „Pastor, mám tentokrát kandidovať na prezidenta alebo by bolo lepšie, keby som sa koncentroval len na Božiu prácu?“

„Keby som mal rozhodnúť ja, navrhol by som, aby ste robili len Božiu prácu.“

Na základe tejto rady prestal so svojimi politickými aktivitami a rozhodol sa hlásať po svete evanjelium svätosti.

Nikdy nesmieme robiť ústupky iným náboženstvám

Keď som dorazil do hotela, boli tam reportéri a členovia tlače zo siedmich televíznych staníc a piatich rozhlasových staníc. Prvá otázka znela, prečo som si vybral Honduras.

„Dôvod prečo mi Boh povedal, aby som prišiel do Hondurasu je, aby požehnal túto krajinu. Uvidíte, že na výprave budú uzdravené tisícky ľudí.“

Ďalej som to rozvinul.

„Hovorím tisícky ľudí, lebo uzdravení budú nie len tí, čo budú prítomní na mieste výpravy, ale aj tí, čo ju budú pozerať v televízii a počúvať v rádiu."

Mohol som to takto smelo prehlásiť, pretože nám na každej výprave Boh vždy zjavil úžasné divy a zázraky. Keďže som takú neuveriteľnú vec prehlásil na verejnom mieste, bol by som za veľkého klamára, ak by sa tieto divy neudiali.

Moje slová sa však naplnili aj v realite. Od vysielacích staníc, ktoré vysielali výpravy v priamom prenose, sme počuli, že dostali od divákov veľa telefonátov. Počul som, že dostali viac ako tisíc telefonátov, v ktorých ľudia tvrdili, že boli uzdravení, keď pozerali výpravu v televízii.

Druhá otázka od reportérov bola: „Rímskokatolícka cirkev a niektorí protestanti sa snažia zjednotiť a vytvoriť zmier medzi rôznymi náboženstvami. Čo si vy o tom myslíte?" Moja odpoveď bola strohá.

„Jediným Bohom je Boh Stvoriteľ. Kresťanstvo nikdy nesmie robiť ústupky iným náboženstvám. Boh nám v Desatore jasne hovorí, že On je jediný Boh a nijaký iný boh nemôže byť pred Ním. Preto nie je nijaké iné náboženstvo."

Zdalo sa, že reportéri boli prekvapení, že som hovoril tak stroho v krajine ako Honduras, kde viac ako 90 % populácie je rímskokatolíckeho vierovyznania.

Na ďalší deň som videl noviny „*La Tiempo*". Na jednej strane bola fotografia pápeža. Pomáhali mu iní, pretože trpel Parkinsonovou chorobou.

Na druhej strane bola reklama na našu výpravu s mojou

fotografiou a kontrastným protikladným výrokom hovoriacim: „Ježiš Kristus dnes uzdravuje. Slepí vidia, nemí hovoria a hluchí počujú.“

Horúce počasie ochladlo

Ráno 26. a 27. júla sme poriadali konferenciu pastorov v kostole Ebenezer v chladnom počasí.

Počul som, že počasie sa náhle zmenilo odo dňa, čo náš misijný tím dorazil na Honduras. Bolo tam viac ako 40 stupňov Celzia (104+ F), ale odo dňa, čo sme prišli, začal fúkať chladný vetrík a počas dňa slnko zakryli oblaky, čo spravilo počasie ešte príjemnejším.

Pred tým, než sme odišli na Honduras, mi Boh niekoľkokrát povedal, že bude kontrolovať všetky poveternostné podmienky, a že sa nemám obávať. Pretože sme pri podujatiach pod holým nebom nikdy nemali nijaké ťažkosti, ani som sa neobával. Ale pretože mi toľkokrát povedal, aby som sa neobával o nič, cítil som, že sa niečo malo stať.

26. júla o 7. večer sme začali prvý deň výpravy. Okolo šiestej toho večera však začalo pršať. Keď dážď silnel, nebolo možné použiť vysielacie zariadenia a mikrofóny.

Štadión, ktorý dokázal pokryť 60 000 ľudí bol už plný ľudí. Počul som, že ak by pršalo, miestni by proste odišli domov.

Potom však v lejúcom sa daždi vyšiel na pódium náš tím s predstavením. Obliekli si prekrásne tradičné kórejské šaty nazývané „hanbok“, a predviedli veľkolepé kórejské tance s vejármi.

Pódium bolo kvôli dažďu klzké, a tak si zobuli topánky,

aby mohli predviesť svoje mocné chválové tance. Účastníci svoje miesta neopustili ani v daždi. Miestni umelci taktiež vyšli na ihrisko a všetci spoločne chválili Boha svojím tancom a so zdvihnutými rukami.

Ja som bol v čakárni a povedal som, že chcem vyjsť na pódium o šiestej, organizátori ma však odhovárali, aby som tak nerobil. Bol som si istý, že by dážď prestal, keby som vyšiel na pódium. Organizátori ma však zastavili so slovami, že by som nemal zmoknúť.

O siedmej som už nemohol dlhšie čakať a vyšiel som na pódium napriek odhováraniu organizátorov, aby som zostal, kde som bol.

V tom momente sa silný dážď zmenil na mrholenie. Čoskoro aj toto mrholenie prestalo. Ukázala sa jasná obloha a fúkal aj chladný vetrík. Ako následok dažďa a vetríka tesne pred výpravou zmizli aj škodlivé moskyty a nepríjemné mole.

Vonku boli mnohí, čo sa na štadión nedostali

Po posolstve som sa modlil za chorých. Svedectvá tých, čo sa uzdravili pokračovali až do 10. večer. Boli uzdravené AIDS, slepota, nemota a rôzne ochorenia.

Cez najvyššiu stvoriteľskú moc nám boli preukázané ohnivé a výbušné diela Ducha Svätého. Keďže sa tam udialo toľko viditeľných divov, koľko ľudí muselo byť uzdravených z vnútorných ochorení, ktoré nebolo vidno?

Na druhý deň, ešte pred začiatkom výpravy, zástup naplnil nie len sedadlá, ale aj okolitý pozemok.

Povieval chladný vetrík a nikde nebolo ani molí ani moskytov, dokonca ani okolo lámp. Problém s moskytami tam bol taký vážny, že ma viceprimátor San Pedrosuly požiadal, aby som sa zaň modlil. Avšak keď bol Boh s nami, škodlivý hmyz sme nikde nenašli.

„Pastor, vrátane tých, čo sa nedostali na štadión, je počet účastníkov viac ako 100 000. Okrem toho sú vonku ďalšie desiatky tisícok ľudí."

Keď sa sedadlá naplnili, kvôli bezpečnostným dôvodom dovnútra nevpustili tých, čo sa hnali na štadión. Bolo mi ľúto tých, čo museli zostať vonku.

Skrze krátku modlitbu za chorých sa toľko ľudí postavilo zo svojich vozíčkov a začalo chodiť, a bolo tam oveľa viac iných, čo sa uzdravili zo svojich ochorení a svedčili.

Nič nie je nemožné s ohňom Ducha Svätého

Pod vedením doktora Jose Samara z nemocnice Bethesda v San Pedrosula, lekári overili a zdokumentovali prípady uzdravenia. Urobili röntgenové vyšetrenia, magnetické rezonancie a krvné testy.

Aj zdravotný personál nadobudol pevnú vieru, po tom, čo boli priamymi svedkami mocných Božích diel. Jeden z lekárov, Dr. Cruz Marin, predložil výsledky svojej kontroly 12 ročného dievčatka menom Maria Yeseniová. Stratila zrak na pravom oku kvôli horúčke, ktorú mala ako dvojročná.

Transplantovali jej očnú rohovku, no aj tak nič nevidela. Keď však prijala modlitbu na výprave, vošlo jej do oka nejaké svetlo a ona dokázala rozoznať rôzne objekty.

Dvanásťročný chlapec Esteban Zuninga bol osem mesiacov

po svojom narodení nakazený HIV. Výpravy sa zúčastnil po tom, čo videl na ňu reklamu v televízii. Počas modlitby za chorých cítil, že z jeho tela vyšla akási horúčava.

Pri zlom trávení nebol schopný poriadne jesť. Jeho bolesť však úplne odišla a on sa mohol poriadne najesť. Neskôr ho vyšetrili a zistili, že sa úplne vyliečil.

Miranda Osman Guerrová mala AIDS. Nemohla chodiť a musela celý čas ležať. Keď sa zúčastnila tejto výpravy a prijala modlitbu, cítila, akoby na jej telo prešiel oheň a v tom momente jej bolesť odišla. Ihneď sa dokázala postaviť a chodiť.

Arnaldo Batres mal na starosť bezpečnosť na výprave. Jeden mesiac pred výpravou si poranil nohu. Určité pohyby mu spôsobovali problém a nemohol ani pomyslieť na to, že by mohol bežať. Aj so svojou boľavou nohou ťažko pracoval v prospech výpravy. Počas modlitby za chorých sa však celé jeho telo začalo triasť a ochladlo, a on bol úplne uzdravený.

Uzdravil sa tak dokonale, že na druhý deň dokonca mohol hrať futbal. Jeho osemročná dcéra od narodenia dobre nepočula, po prijatí modlitby na výprave však nadobudla dobrý sluch.

Suiafa Lierová bola mormónka. Výpravu pozerala v televízii a počas modlitby za chorých si položila ruky na nohy. Nebola schopná používať svoje nohy, odkedy sa pred ôsmimi mesiacmi stala účastníčkou nehody. Keď prijala modlitbu, prišiel na ňu oheň Ducha Svätého a ona okamžite dokázala chodiť aj behať. Konvertovala na protestantskú vieru.

Miestni pastori hovorili: „Cítim sa, akoby som bol v Biblii. Teraz rozhodne verím že Boh je skutočne všemohúci." Keď som počul takéto poznámky, som cítil obrovské zadosťučinenie.

Presne ako v dobe Ježiša, keď chorí prišli s vierou, zažili ohnivé diela Ducha Svätého a boli uzdravení.

Keď som sa po výprave vrátil do Kórey, dostal som list od viceprezidenta Hondurasu. Ďakoval mi v mene celého Hondurasu za uzdravenie toľkých ľudí a za moju pomoc a duchovné vedenie.

Nové rozmery moci

Veľké diela Božej moci boli zjavované na každej zámorskej výprave, stále som však nebol celkom spokojný. Táto úroveň moci nebola dosť na uskutočnenie svetovej misie, pretože je tento svet plný hriechov.

Po výprave v Hondurase ma Boh viedol do novej dimenzie moci. Poučil ma o „Pôvodnom stvoriteľskom hlase", o ktorom som nikdy predtým nepočul. Dal mi nový cieľ, nájdenie pôvodného hlasu, aby som dosiahol dokonalosť Najvyššej stvoriteľskej moci.

„Spievajte tomu, ktorý sa vznáša na nebesiach pradávnych nebies! Hľa, vydáva svoj hlas, mocný hlas" (Žalm 68:34).

Pôvodný hlas je hlas Boha Stvoriteľa na počiatku. Je taký ohromný a veľkolepý, že znie dokonca celým vesmírom. Boh vytvoril vesmír a všetky veci svojím hlasom. Tento pôvodný Boží hlas je vložený do všetkých vecí, aby keď zaznie, okamžite všetky poslúchali.

„A Hospodin riekol: Nebude sa môj Duch prieť s človekom na veky v jeho blúdení; je telo, a bude jeho dní sto dvadsať rokov" (1. Mojžišova 6:3).

Je len jedna bytosť, ktorá tento pôvodný hlas nedokáže počuť. Je to človek z tela, ktorý nie je znovuzrodený z vody a Ducha. Aby sa prebudil, potrebujeme Božiu moc. V štyroch evanjeliách vidíme záznam o tom, že veci poslúchali Ježišove nariadenia.

„A pristúpiac zobudili ho a hovorili: Pane, Pane, hynieme! A on prebudiac sa pohrozil vetru a vlnám, a upokojily sa, a nastalo ticho. A povedal im: Kde je vaša viera? A oni bojac sa divili sa a hovorili jeden druhému: Ktože je tento, že ešte aj vetrom rozkazuje, aj vode, a poslúchajú ho?!" (Lukáš 8:24-25)

Keď Ježiš rozkázal, vietor a vlny poslúchali. Pretože rozkázal Pôvodným stvoriteľským hlasom, počuli ho a poslúchali dokonca aj neživé veci. Bolo to preto, lebo Ježiš hovoril tým istým pôvodným Božím hlasom.

Je rozdiel medzi mocou vykonávanou cez pôvodný hlas a tou vykonávanou modlitbou viery. Je tu rozdiel v rýchlosti a rozsahu. Pôvodný hlas dokáže vykonať stvoriteľské diela okamžite. Modlitba viery však najskôr pohne nebeským hostiteľom a anjelmi, takže to trvá dlhšie.

V Kórei sme mali niekoľko múdrych ľudí, ktorí predpovedali udalosti niekoľko desaťročí alebo dokonca stovky rokov dopredu.

Títo ľudia vyhnali svoju hriešnu podstatu dlhým obdobím duchovnej disciplíny, až získali stav „ničoty". Nič nesúdili ani nič nezavrhovali a načúvali Božiemu slovu. Nie vždy, ale niekedy počuli a porozumeli, a to, čo predpovedali, sa splnilo.

Napríklad v prípade admirála Soonshina Leeho, ktorý obetoval svoj život za kráľa a ľud s dobrým srdcom, ktoré v sebe nemalo nijaké zlo. Z jeho denníkov sa dočítame, že priznal existenciu Boha a modlil sa k Nemu svojím dobrým srdcom.

Pretože vedel, čo sa stane, vedel o prichádzajúcej invázii Japonska. Napriek kritike vytvoril tzv. „korytnačiu loď" a zachránil krajinu od jej pádu.

Otcovia viery, ktorí počuli pôvodný hlas

Ako rastieme v Duchu, počujeme hlas a dostáva sa nám vedenia Ducha Svätého. A keď tento stav vývoja premeníme do ničoty a pôjdeme do hlbších dimenzií ducha, budeme môcť počuť pôvodný hlas Boha. Boh povedal, že musím zmeniť celú úroveň ducha, ktorú som získal do úrovne ničoty (1. Tesaloničanom 5:23).

V Biblii vidíme scény, kde ľudia počuli pôvodný hlas. Aby Mojžiš rozdelil Červené more, poslúchal hlas Boha a s vystretou palicou mu rozkázal, aby sa rozdelilo. Potom sa udialo úžasné Božie dielo.

Keď Jozua nariadil slnku a mesiacu, aby zastali, počul pôvodný hlas a rozkázal. Preto slnko a mesiac zastali. Nebolo to preto, lebo jeho viera samotná bola tak veľká. Keby bol sám v sebe mal moc, aby zastavil slnko a mesiac, všetko by sa bolo dialo na jeho rozkaz.

Nemusel rozkázať slnku a mesiacu, aby zastali. Ak by bol vyslovil len: „Všetko Amalechovo vojsko buď zničené." Vojaci by zahynuli a bolo by po vojne.

Takisto to bolo, keď bol Lazár štyri dni mŕtvy a Ježiš prehovoril, aby ho oživil. Ježiš už vtedy počul hlas Boží. V skutočnosti vždy počul Otcov hlas.

Pretože počul hlas Otca, ktorý Mu hovoril, že Lazár bude oživený a Boh bude oslávený, Ježiš sa vôbec neobával. Keď rozkázal Lazárovi pôvodným hlasom, vyšiel z hrobky živý.

Ovocie krvi Tomášovho mučeníctva

Chennai v Indii je miesto, kde apoštol Tomáš hlásal evanjelium a bol umučený. V súčasnosti sa na tom mieste nachádza pamätná katedrála. Tomáš bol jeden z dvanástich Ježišových učeníkov. Je známy najmä tým, že veľa pochyboval. Po tom, čo však stretol vzkrieseného Pána, nadobudol pravú vieru a dostal Ducha Svätého. Bol umučený pri kázaní evanjelia.

V októbri 2002 ma Boh viedol do Indie, značne hinduistickej krajiny. Dal mi vedieť, že to bola výprava plánovaná ešte pred začiatkom času a prvá výprava, na ktorej sa prejavia diela pôvodného stvoriteľského hlasu. Bol to tiež veľmi dôležitý začiatočný bod pre šírenie evanjelia do Blízkeho východu a Izraelu.

Veľké sucho

Chennai sa nachádza v juhovýchodnej časti Indie. Je to štvrté najväčšie mesto Indie. Výprava sa konala na pláži Marina, za podpory chennaiského Spoločenstva služobníkov celého evanjelia.

8. októbra som opustil letisko Inčchon. Keď sme leteli do Singapuru, videli sme objavovať sa a miznúť dúhy. Veľakrát som už spomenul, že kedykoľvek sme boli na misijnej ceste, videli sme dúhy, a tentokrát sme videli dúhu, ktorá sledovala lietadlo asi hodinu.

To, že nám jasne žiarila štvoritá dúha, bolo pravdepodobne znamenie, že Boh bude s nami počas štvordňovej výpravy. Zobrazovali sa aj iné typy dúh, vrátane rovnej dúhy. Náš misijný tím neprestával vykrikovať od prekvapenia a radosti, keď si ich zaznamenávali na video a fotoaparáty.

8. októbra, asi o 10. večer, sme pristáli na chennaiskom letisku. Mrholilo. Keď som nasadol do auta a opúšťal letisko, začal padať hustý dážď.

Tí, čo nás však vyšli von privítať, boli takí šťastní, že im ani nevadilo, že zmokli. Počul som, že tam mali posledné tri roky veľmi sucho a už 9 mesiacov im nepršalo. Spôsobovalo to tam veľký sociálny problém.

Celé mesto Chennai vstúpilo do štrajku proti centrálnej vláde kvôli problémom so zásobami vody. Po tom, čo som dorazil za týchto podmienok, sa spustili časté dažde. Niektorí ľudia ma dokonca volali „Boh dažďa", hovoriac, že som so sebou priniesol dážď.

Zákon proti konverzii

Boh chcel byť cez túto výpravu veľkolepo oslávený, boli tu však aj veľké prekážky, ktoré nastavil Satan.

Niektorí ľudia v Chennai rozšírili falošné správy, aby výpravu zastavili. Dialo sa tam však aj niečo oveľa podstatnejšie. Bolo tu vydané nariadenie proti násilnej konverzii. Písalo sa v ňom:

„Žiadna osoba nesmie konvertovať ani sa pokúsiť konvertovať inú osobu z jedného náboženstva na druhé, či už priamo alebo inak, použitím sily alebo lákaním či inými podvodnými prostriedkami. Hocikto, kto bude usvedčený z porušenia tohoto nariadenia, riskuje uväznenie až na tri roky a pokutu 50 000 rupií. Ak je človek, ktorý konvertoval, neplnoletý, žena, alebo osoba patriaca do určenej kasty alebo kmeňa, môže byť odsúdenie stanovené na 5 rokov a pokuta na 100 000 rupií."

Tí, ktorí konvertujú samostatne, a náboženskí vodcovia, ktorých sa akákoľvek takáto konverzia týka, sú povinní nahlásiť to miestnemu správcovi.

Tento zákon bol uvedený do platnosti v prvý deň výpravy, 10. októbra. Musel sóm čeliť riziku, že ma zatknú za hlásanie evanjelia.

Kým som prišiel do Indie, nevedel som o tom. Tí pracovníci kostola, čo výpravu pripravovali, ma o tom neinformovali. Obávali sa, že by som sa znepokojoval.

Kvôli tejto situácii ma organizátori požiadali, aby som hlásal len posolstvo mieru a požehnaní.

Ak som však nemohol kázať o Bohu Stvoriteľovi a Ježišovi Kristovi, nemalo zmysel tam vôbec chodiť. Neustúpil som však. Aj keby to znamenalo, že by ma zatkli, bol som pripravený hlásať Boha Stvoriteľa a Ježiša Krista.

Na každom zhromaždení som zdôrazňoval, že im môžu byť odpustené hriechy a môžu byť zachránení prijatím Ježiša Krista. Kázal som tiež o krásnom nebi a strašnom pekle.

Konferencia pastorov

10. októbra sa konal prvý deň výpravy. V ten deň bola v Chennai okolo slnka veľká kruhová dúha. Ráno sme mali v Kamaraj Arangam Konferenciu pastorov.

Zúčastnilo sa asi 3 000 pastorov, približne dvakrát viac, ako organizátori očakávali. Rozprával som o dôvode, prečo Boh zasadil strom poznania dobrého a zlého.

Keď som videl, akí sú pozorní, pri čom z času na čas jasali a tlieskali, cítil som, akí boli pri počúvaní posolstva duchovne smädní.

Prekladateľ konferencie neprišiel na čas, a tak ho nahradil niekto iný. Neskôr som sa dozvedel, že tento prekladateľ mal dohodu s človekom z organizačnej komisie, že nebude tlmočiť, ak by som rozprával o veciach duchovnej ríše.

Rozprával som o strome poznania dobrého a zlého, a ak by som bol vynechal súvislosti o záhrade Eden, chýbalo by tam jadro.

Pretože nový prekladateľ túto situáciu nepoznal, prekladal všetko. Nebola tam žiadna dopravná zápcha, a keď som videl, že pôvodný prekladateľ stále meškal, cítil som, že to bola Božia ruka, čo zasiahla.

Na pláž Marina som dorazil o 6. večer s veľkými očakávaniami a malou nervozitou. Je to druhá najdlhšia pláž na svete. Nachádzala sa len 15 minút od hotela. Dokonca som z hotelovej izby videl pódium.

Pódium bolo trojposchodovou konštrukciou, širokou 45 metrov. Dokázalo udržať 2 000 ľudí. Bolo dosť veľké na to, aby udržalo všetkých tých, čo sa prídu podeliť so svojimi svedectvami. Miesto bolo také veľké, že na iných miestach boli video obrazovky. V uhlopriečke merali 25 metrov. Bola hodina pred začatím výpravy a zozbieralo sa tam už veľa ľudí.

Začiatok veľkej výpravy

V ten deň som kázal o Bohu stvoriteľovi. Vyhlásil som, že im ukážem či je alebo nie je Boh pravým Bohom, či je alebo nie je všemohúci a či naozaj koná činy. Po kázni som sa celou svojou silou modlil za chorých. Bolo vyhnaných mnoho démonov a uzdravených nespočetné množstvo pacientov. Toto sa vysielalo v priamom prenose na mnohých televíznych staniciach.

Jedným z nich bol 16-ročný chlapec menom Ganesh. Bol účastníkom nehody a musel ísť do nemocnice. Na bedrovej kosti mal nádor. Nádor odstránili spolu s časťou jeho bedrovej kosti a vložili mu tam nejaké kovové tyče, ktoré spájali jeho stehno s bedrom. Šesť mesiacov musel zostať v posteli.

Ešte aj potom mal problém sedieť a chodiť. S pomocou iných ľudí sa však zúčastnil na výprave. Keď prijal modlitbu za chorých, pocítil niečo ako elektrický šok. Od toho okamihu jeho bolesť

Modlitebný festival zázračných uzdravení v Indii (pláž Marina)

odišla a už nepotreboval barly.

Na druhý deň výpravy skoro ráno veľmi silno pršalo. Zišlo sa ešte viac ľudí ako v prvý deň a odohralo sa tiež veľa uzdravení. Každý deň sa zozbieralo zopár stoviek tisíc ľudí. Ja som bol na vysokom pódiu, no aj tak mi robilo problém zazrieť koniec zástupu. Po uzdravujúcich modlitbách sa na pódiu zozbieralo nespočetné množstvo ľudí, čo organizátorov veľmi prekvapilo.

Na pláži Marina poriadalo výpravy mnoho známych buditeľov, toľko diel uzdravenia, čo sa tu udialo, však nevideli, a hovorili, že také niečo veru nečakali.

Božia prozreteľnosť najväčšej výpravy

Od tretieho dňa výpravy sa na nebi ukazovali jasné kruhové a rovné dúhy. Opäť sa zišli stovky tisíc ľudí a výprava sa začala.

Stalo sa však niečo neočakávané. Náhle počas kázne prišiel silný vietor a veľmi hustý dážď. Dokonca hrmelo a blýskalo sa. Kvôli lejúcemu sa dažďu som poriadne nemohol ani otvoriť oči.

Ešte aj pódium sa triaslo od silného vetra. Niektorí účastníci začali byť nepokojní. Zdalo sa, že chceli odísť. Naliehal som, aby neboli týmto dažďom otrasení, ale aby ho prekonali s vierou a vzdali Bohu slávu. Čoskoro stíchli a ďalej počúvali kázeň.

Nemohol som si však pomôcť v určitých obavách. Najväčší problém bol, že zmokne vysielacia aparatúra, pokazí sa, alebo vznikne skrat. Televízne vysielanie by sa mohlo prerušiť. Všetko som to však pustil z hlavy s vierou, že nás Boh ochráni.

Napočudovanie silný vietor a dážď pokračovali viac ako hodinu, ale žiadne z osvetlení, video obrazoviek, elektrického zariadenia ani vysielacej aparatúry sa nepoškodilo. Pri toľkom daždi, vetre a bleskoch mohol nastať vážny problém.

Na pódiu boli elektrické káble a dážď vchádzal do niektorých elektrických zásuviek, nenastalo však nijaké unikanie elektriny. Neprihodilo sa nijaké nešťastie, lebo Boh nás ochraňoval.

Kým som kázal, vo svojom srdci som sa modlil, aby dážď prestal. Ten však len silnel. Za posledných 20 rokov nám Boh vždy dal dobré počasie na akomkoľvek podujatí pod holým nebom. Cez modlitbu zvykol prestať aj hustý dážď. Bolo to prvýkrát, čo som bol premočený od dažďa.

Bol som veľmi nervózny a stratil som silu v nohách. Chcel som si sadnúť a plakať. Nemohol som však dať najavo takúto rozorvanosť. Ďalej som kázal posolstvo v hustom daždi a mokol som. Modlil som sa tiež za chorých. Všetko bez toho, že by som mal aspoň dáždnik! Myslím, že ľudí to dojalo a vôbec sa nepohli.

Boh nám v ten deň preukázal veľké diela uzdravenia a množstvo ľudí to pozeralo v televízii a na internete.

Po modlitbe sa začali svedectvá. Pozoroval som ich. Niektorí z tých, ktorý vyšli na nižšie podlažie pódia, sa na mňa pozerali prejavujúc vďaku so slzami.

Po tom, čom som prišiel späť do hotela, som sa v modlitbe pýtal Boha, prečo sa spustil taký silný dážď a neprestal ani keď som sa modlil. Dal mi vedieť, že hustý dážď a silný vietor boli v Božej prozreteľnosti.

Pretože pršalo v prozreteľnosti Boha, nedalo sa to zastaviť ani mojou modlitbou.

„Skrze túto udalosť sú Boh a Ježiš hlboko zasadení do myslí obyvateľov Indie a ty si v ich mysliach tiež.“

Vysvetlil, že dôvod, prečo nám dal hustý dážď bol, aby miestni pastori a mnohí ľudia porozumeli, čo je to pravá viera, a aby sa Božia láska vryla hlboko do ich sŕdc. Navyše, pretože sme obstáli s vierou, vráti sa nám to vo veľkých požehnaniach.

Od roku 2001 mi Boh hovoril, že výprava v Indii bola naplánovaná ešte pred tým, než sa započal čas a bude to

Modlitba za chorých v hustom daždi

tá najväčšia výprava, ktorá bude naj tiež v mnohých iných aspektoch. Pretože Boh pozná srdcia ľudí, vedel, koľko ľudí sa zhromaždí.

Táto výprava bola vysielaná naživo na štyroch televíznych kanáloch, a rovnako tiež na internete. Na kresťanské podujatie to bolo niečo veľmi zriedkavé, predovšetkým v krajine ako India.

Nespočetné množstvo Indov túto výpravu, ktorá pokračovala dokonca aj v hustom daždi, pozeralo v televízii a veľmi hlboko sa ich dotkla. Pochopili, že pravá Kristova láska a Božia láska je hlboko vyrytá v ich srdciach.

„Kto je ten človek, čo miluje ľudí Indie s takou obrovskou odovzdanosťou?"

Najväčší zástup

Na ďalší deň, 13. októbra, sa na pláži Marina zozbieral rekordný počet 1,5 milióna ľudí. Mnoho ľudí, čo pozeralo výpravu v televízii, bolo pohnutých a prišli na pláž Marina osobne. Nevidel som koniec zástupu.

Niektorí hovorili, že to bolo ako keby sa všetok piesok na pláži zmenil na ľudí. Keď som sa v ten deň modlil za chorých, počul som výkriky mnohých démonov.

Démoni vedeli, že im nariadim, aby odišli, a tak kričali. Mnohí Indovia boli posadnutí zlými duchmi, lebo dlhý čas uctievali modly.

Keď som démonom nariadil, aby vyšli, výkriky prestali a ostalo ticho. Niektorí svojimi duchovnými očami videli, že démoni utekali preč a ani sa neobzerali.

Moc pôvodného hlasu bola naozaj obrovská. Posadnutí démonom boli ucelení, tí, čo nepočuli, začali počuť a tí, čo nemohli hovoriť, začali hovoriť.

Niektorých tam priniesli na nosidlách, odišli však po svojich. Boli vyliečené aj mnohé nevyliečiteľné ochorenia. Najmä posledný deň výpravy sa konal v znamení ohnivých diel Ducha Svätého a vytvoril mnohé rekordy.

To nebolo všetko. Niektorí Hinduisti vykonávajú určitý druh čarodejníctva. Vešajú v dome vajcia alebo niektoré ovocie a preklínajú iných. Keď som sa vrátil do Kórey, dostal som veľa listov o týchto skutkoch čiernej mágie.

Neveriaci muž zavesil vajcia na mnohých miestach po dome, ale jeho žena bola veriaca. Pozerala výpravu v televízii.

Keď som sa však modlil za chorých, klince, na ktorých visiace vajcia držali, vypadli a vajcia spadli a rozbili sa. Prekvapený manžel povedal, že začne chodiť do kostola a že už nikdy sa nebude brániť kresťanstvu.

Miestni pastori hovorili, že táto výprava bola najväčšia a naj v mnohých aspektoch. Povedali, že Boh Stvoriteľ a Ježiš Kristus boli hlásaní v harmónii a slovo bolo potvrdené divmi, ktoré nasledovali, bolo to teda dokonalé posolstvo bez akéhokoľvek bodu, čo by sa dal napadnúť.

Organizátori povedali, že viac ako 60 percent zúčastnených boli hinduisti. Mnohí z nich prijali Ježiša Krista a obrátili sa.

Nie len na pláži Marina, ale aj v ďalších 9 mestách, boli postavené veľké video obrazovky, ktoré výpravy vysielali simultánne. Tiež sa tam zišli desiatky tisícok ľudí. Počúvali posolstvo a boli uzdravení. Bol to veľký zásah v kresťanskej histórii Indie. Bola to výprava, kde cena Tomášovej mučeníckej krvi zrodila ovocie.

Zákon proti konverzii konečne zrušený

Od prvého dňa výpravy ma mnohí policajní dôstojníci pozorovali z tvrdými tvárami. Ako však čas plynul, výrazy ich tvárí sa zmenili. Keď boli svedkami toho, ako sa toľkí ľudia uzdravili, priši predo mňa a dokonca si kľakli, aby prijali modlitbu.

Polícia vlády Tamil Nadu a centrálnej vláde nahlásila, že sa počas 4 dní zhromaždilo dokopy viac ako 3 milióny ľudí, a že to bola pokojná kresťanská udalosť bez akýchkoľvek nehôd. Pre kresťanstvo to bola šanca, aby bolo v indickej spoločnosti znovu prehodnotené. Mnohí veriaci, ktorí žili v útlaku, začali v sebe nosiť hrdosť.

Množstvo ľudí svedčí o svojich zázrakoch uzdravenia

Množstvo ľudí konvertovalo a kresťanstvo bolo posilnené. Kresťanskí vodcovia sa navzájom zjednotili a vydali vyhlásenie, v ktorom požadovali zrušenie zákona proti konverzii. Kresťanské školy a nemocnice sa zatvorili a aj jednotliví kresťania protestovali proti štátnej vláde pôstom. Predtým by to bolo niečo nepredstaviteľné.

Nakoniec vo voľbách roku 2004 strana AIADMK (All-India Anna Dravida Munnetra Kazhagam) prehrala s veľkým rozdielom.

AIADMK bola strana, do ktorej patril štátny guvernér

Tamil Nadu, pán Jayalalitha. Miesto toho vyhrala strana DPA (Demokratická progresívna aliancia), ktorá mala ku kresťanstvu priateľskejší postoj.

Štátny guvernér, pán Jayalalitha, vydal mnoho zákonov, aby si získal srdcia ľudí. Jedným z nich bol zákaz zákona proti konverzii z 18. mája 2004.

Na tejto výprave sa zúčastnilo aj množstvo pastorov a redaktorov tlače. Prišli zo Spojených štátov, Blízkeho východu, Ruska, Austrálie, Izraela a iných krajín. Boli svedkami Božej moci, o ktorej si mysleli, že existuje len v Biblii, a požiadali nás, aby sme usporiadali výpravy aj v ich krajinách.

Bolo tam viac ako tridsať krajín, ktoré žiadali o výpravu. Od roku 2000 to bola siedma výprava, nikdy som však o mieste nerozhodol sám. Nasledoval som len Božie príkazy, nepoužíval som žiadne ľudské myšlienky.

Kapitola 7

Národy vojdu do Tvojho svetla

Čo sa stalo v Dubaji

Po skončení výpravy v Ugande mi Boh zjavil, že pôjdem do Dubaja. Dovtedy som o názve Dubaj nikdy nepočul.

Po tom, čo sme sa vracali z výpravy v Keni, sme presadali v Dubaji. Bol to prvýkrát, čo som položil nohu na tú pôdu. Kým som bol na letisku, modlil som sa: „Otče, buď cez túto krajinu veľmi oslávený."

Dubaj je druhý najväčší emirát Spojených arabských emirátov. Je to miesto, odkiaľ Kórea dováža väčšinu svojej ropy. Boh povedal, že predchádzajúcich sedem výprav bolo skôr o kvantite, toto však bude výprava zameraná skôr na kvalitatívny aspekt.

Boh povedal, že musíme zmeniť štýl našich myšlienok, pretože samotná výprava nebola v Dubaji tým pravým cieľom. Mal som sa tam uviesť do povedomia vysokých predstaviteľov a malo to tiež neskôr slúžiť prozreteľnosti výstavby Veľkej svätyne.

Od správnych orgánov sme dostali povolenie usporiadať stretnutie, a tak sme sa pripravovali na to, že od 2. do 4. apríla

2003 budeme v medzinárodnej kongresovej hale hotela Hyatt poriadať „Kórejský kresťanský kultúrny festival". Chceli sme ním predstaviť kórejské tradičné tance a hudbu, aby sme zlepšili vzťahy na spoluprácu medzi našimi dvoma krajinami, a tiež, aby sme mohli kázať evanjelium o čosi jednoduchšie.

Mohli sme stretnutie usporiadať v kostole, ale ak by sme tak urobili, moslimovia by sa neboli mohli zúčastniť. Preto sme vybrali hotel. Vo svojom srdci som od začiatku cítil, že sa toto stretnutie neuskutoční, nepovedal som to však nikomu z našich pracovníkov. Nechal som ich s vierou sa naň pripraviť.

Napriek tomu, že Dubaj je relatívne otvorenejší ako iné krajiny Blízkeho východu, je to stále islamská krajina a kázať miestnym Arabom je prísne zakázané.

Do Dubaja som dorazil jeden deň pred výpravou. Bolo mi povedané, že stretnutie muselo byť zrušené kvôli bezpečnostným dôvodom.

Bolo to krátko po vojne v Iraku a situácia vo svete nebola stabilná. Nebol to však pravý dôvod. V tom čase jeden z našich pracovníkov v Dubaji náhodou stretol korunného princa, ktorý prišiel na inšpekciu hotela a odovzdal mu pozvanie. Korunný princ, keďže vedel, že je to kresťanské podujatie, dal priamy rozkaz na zrušenie stretnutia.

Pod prísnou kontrolou polície

2. apríla previedlo viac ako 100 policajných dôstojníkov okolo hotela inšpekciu. Poslali preč každého, kto prišiel, aby sa zúčastnil stretnutia. Okrem toho mali pod dohľadom aj nás, misijný tím.

Nepriateľ diabol si myslel, že ak bude stretnutie zrušené najvyššími predstaviteľmi krajiny, bude to pre nás koniec. Božia prozreteľnosť sa však v tichosti napĺňala.

Na ďalší deň sme dostali požiadavku z Dubajského klubu hendikepovaných. Išli sme tam v skupinkách po dvoch až piatich. Pretože to bolo zorganizované pomerne náhle, bolo tam len asi 100 ľudí.

Väčšina z nich mala vážne postihnutie a mnohí nedokázali chodiť svojou vlastnou silou. Mnohé ženy mali oblečenú čiernu abaju. Mal som 15 minútovú kázeň a modlil som sa v mene Ježiša Krista. Udiali sa úžasné Božie diela. Tí, čo nemohli chodiť, začali chodiť a niektorým sa navrátil sluch. Tí, čo mali stuhnuté a tvrdé telá kvôli mozgovej obrne sa dokázali ohnúť, vystrieť a hýbať.

Toto stretnutie a predchádzajúce výpravy vysielala po celom Dubaji ZEE TV, čo je satelitná televízna stanica so sídlom v Indii a pokrýva 16 krajín v regióne.

Kým som bol v hoteli, tí, čo túžili po Božej moci, sa prišli so mnou stretnúť, pričom si museli nejakým spôsobom nájsť cestu cez policajné hliadky. Ak by sme boli mali výpravu, nebol by som sa mohol stretnúť so žiadnymi ľuďmi. Takto som však mohol stretnúť mnohých, ktorých mi Boh posielal.

Pani menom Sheila Diwakarová bola dlhú dobu na vozíku, odkedy sa zranila pri dopravnej nehode. Hocijaký pohyb bol pre ňu veľmi náročný. Po tom, čo však prijala moju modlitbu, sa priamo tam na mieste postavila a kúsok po kúsku začala chodiť. Nedokázala skryť svoju radosť.

Pomohli nám aj niektorí ľudia z tlače. Dr. Omer Yassin prišiel so svojou ženou a dcérou. Jeho dcéra mala 30 rokov poruchu reči kvôli encefalomeningitíde.

Keď však prijala moju modlitbu, povedala „Ďakujem!" Bol to prvý raz, čo tento pár videl svoju dcéru rozprávať. Boli tým hlboko pohnutí.

Dr. Omer povedal, že o uzdravení svojej dcéry napíše. Aj keď to bol len krátky čas, stretol som mnoho ľudí, ktorí by mohli byť nápomocní misii na Blízkom východe. Títo ľudia sa stali spojovacími článkami pre naplnenie Božej prozreteľnosti.

Výprava v Rusku, oficiálna udalosť 300. výročia Petrohradu

Dňa 27. mája 2003 pozval ruský prezident Putin predstaviteľov viac ako 50 krajín na oslavy 300. výročia založenia mesta Petrohrad. Keďže sa tu zišli vodcovia mnohých krajín na jednom mieste, Petrohrad upútal pozornosť sveta.

Naša výprava v Rusku sa konala v tom istom roku a bola vybraná ako jedno z oficiálnych podujatí osláv, prinášajúc spoluprácu od vládnych predstaviteľov. Už od prvého dňa výpravy, 12. novembra 2003, bol Olympijský štadión v Petrohrade plný ľudí.

V novembri tam býva veľmi chladno a tiež tam dosť sneží. Počas výpravy sme však mali nezvyčajne teplú klímu, s teplotami nad bodom mrazu. Kázal som o Bohu Stvoriteľovi, prečo je Ježiš Kristus jediný Spasiteľ a o moci Ducha Svätého.

Pri každej modlitbe za chorých bol štadión naplnený horúčavou Ducha Svätého.

Boli tam ľudia, ktorí kričali, že počujú; tí, čo neboli

Festival zázračných uzdravení v Rusku
(Olympijský štadión v Petrohrade)

schopní chodiť, chodili; mnohí, čo boli odkázaní na paličky kvôli vykrúteným alebo deformovaným nohám, boli schopní samostatne chodiť; iní po tom, čo sa im prinavrátil zrak, odhadzovali svoje okuliare a boli tam aj takí, čo sa uzdravili z rečových porúch. Táto scéna bola vysielaná naživo do celého sveta.

Mimo miesta konania v Petrohrade prebiehali súčasne

výpravy cez živé vysielanie na piatich ďalších miestach, a to v Penze, Iževsku a na Ukrajine.

Keď som po skončení výpravy šiel na rozlúčkovú oslavu, prihovoril sa mi pastor, ktorý sa zúčastnil simultánnej výpravy v Iževsku. Napriek chladnému počasiu pod 20 stupňov Celzia sa tam zišlo viac ako tisíc ľudí a veľké množstvo z nich bolo uzdravených.

Jeden pastor, ktorý sa staral o klub hendikepovaných, vyjadril svoju radosť hovoriac, že sa uzdravilo množstvo ľudí s choreniami sluchu a stratou zraku.

Táto výprava sa naživo vysielala nie len v Rusku, ale tiež do viac ako 150 krajín cez 27 kanálov, rôzne káblové siete, a za použitia 12 rôznych satelitov. Keď ľudia pozerali výpravu v televízii v susedných krajinách ako Estónsko, zažili božské diela uzdravenia a poslali svoje príbehy vysielacím staniciam.

Výpravy sa zúčastnili aj miestni lekári, aby zaznamenali a zdokumentovali prípady uzdravenia. Jeden lekár vyjadril svoje prekvapenie takto: „Bol som šokovaný, keď som videl, ako sa toľko ľudí uzdravilo len prijatím modlitby."

Predseda Moskovskej svätodušnej cirkevnej asociácie povedal, že cítil ohnivé diela Ducha Svätého a prítomnosť Boha, a že to bol obrovský prelom pre obrodenie ruských cirkví.

Ďalej pokračoval hovoriac, že pastori boli prebudení z duchovného spánku, uverili, že Božia moc nie je len v Biblii ale aj v realite a môže sa diať ešte aj dnes. Týmto spôsobom začali túžiť po Božej moci a cirkvi sa zjednotili.

Začiatok duchovných štúdií

Boh je duch a do takého rozsahu, do akého sa premeníme v pravdu a ducha, môžeme takisto plynúť s tokom „duchovného priestoru". V závislosti od miery, do akej dokážeme preniknúť do ducha, môžeme byť zjednotení s Bohom v Jeho priestore a získať Jeho moc. Takýmto spôsobom sa zmení naša moc pri kázaní.

Nemusí to byť vôbec náročné, zanechať prostredníctvom kázne na poslucháčoch dojem. Aby sme však v poslucháčovi spôsobili zmenu preniknutím aj do duše a ducha, do kĺbov a hĺbky kostí, musíme získať od Boha moc.

Hĺbka duchovného sveta je bezhraničná. Aby ma Boh voviedol do vyšších dimenzií Svojej moci, dovolil mi v januári 2003 začať duchovné štúdium.

Bol to proces, ktorý bol pre mňa nevyhnutný, aby som počul pôvodný hlas Boha pochádzajúci stopercentne z Jeho srdca a úplne odhalil Najvyššiu stvoriteľskú moc.

Boh mi vysvetlil duchovné zákony začiatku času. Vysvetlil mi tiež pravidlá spravodlivosti. Do detailu ma oboznámil s tými Božími prorokmi, ktorí dosiahli úroveň ducha známu ako „celý duch", ako napríklad Abrahám, Mojžiš, Eliáš a apoštol Pavol.

Učil ma tiež o Bohu Stvoriteľovi a Pánovi Ježišovi a iných prorokoch a apoštoloch, ktorý pôsobili Božou mocou. Dal mi tiež študovať úrovne svetla.

Učenie pastorov slúžiť duchovne

Na základe toho, čo som sa od Boha naučil o duchovnej ríši, som dvakrát do roka viedol konferencie pastorov.

Aby som viedol pastorov nášho kostola a na zámorských misiách v duchovnom raste, a aby sa stali milovanými a mocnými Božími služobníkmi, učil som ich celou svojou silou a modlil som sa za nich v slzách utiekajúc sa za nich k Bohu.

Ako povedal apoštol Pavol: „*Preto bdejte a pamätajte, že tri roky deň a noc neprestal som so slzami napomínať jedného každého*" (Skutky 20:31), učil som ich všetko, čo som sa naučil od Boha, aby mohli preniknúť do vyspelých úrovní viery a úrovne celého ducha.

Aké by to bolo šťastie, ak by mnoho iných pastorov získalo väčšiu moc ako ja, aby tak kráľovstvo Božie narástlo a bolo zachránených omnoho viac duší! V júli 2003 som kázal na 21. Konferencii pastorov s názvom „Tok ducha".

Hovoril som tu pastorom o „priestore", o ktorom som sa naučil od Boha. Učil som, ako môžeme mať srdce ducha a plynúť s tokom toho „priestoru" a tiež o 24 starších v novom Jeruzaleme. Povzbudzoval som ich tiež, aby mali väčšiu moc v duchovnej službe a viac dúfali v nebo.

Veľa veršov v Biblii, ako 1. kniha Kráľov 8:27 a Jeremiáš 10:12 nám hovoria, že nie je len jedno nebo, ale že existuje niekoľko rôznych nebies. A dokonca aj v Novom zákone, Efežanom 4:10 používa plurál hovoriac: „nad všetky nebesia".

Nebo nie je len jedno, ale je ich viacero. Vo všeobecnosti sa dá kategorizovať ako fyzický priestor a duchovný priestor, čo je duchovná ríša. Veľkosť fyzického priestoru je v porovnaní s veľkosťou duchovného priestorom veľmi malá.

Fyzický priestor je prvé nebo, od druhého neba však patria nebesá do duchovnej ríše.

Záhrada Eden a zlí duchovia existujú v druhom nebi. Nebeské kráľovstvo sa nachádza v treťom nebi a vo štvrtom nebi prebýva pôvodný trón Boží. Je v inej dimenzii od trónu Boha v novom Jeruzaleme.

Priestor

V Božom srdci kotvia všetky priestory vesmíru. Ovládať priestor znamená ukotviť ho celý v srdci. Predovšetkým to znamená mať dôkladnú znalosť toho priestoru, kultivovať ju ako duchovnú znalosť a naplniť ju vo svojom srdci.

Žalm 68:33 hovorí: „*Spievajte tomu, ktorý sa vznáša na nebesiach pradávnych nebies! Hľa, vydáva svoj hlas, mocný hlas.* " Tento mocný hlas je Pôvodný stvoriteľský hlas.

Je na úrovni ovládania a kontrolovania dokonca i priestoru vo štvrtom nebi. Len na tejto úrovni môže niekto vydať pôvodný hlas. A tento hlas sa nazýva „mocný hlas". Tento hlas však nedokážeme počuť.

Keď zaznie tento pôvodný stvoriteľský hlas, poslúchajú všetky veci vo všetkých typoch priestorov. Jeho moc a vznešenosť otrasie všetkými nebesiami.

Ak by tento hlas mal človek počuť v realite, praskol by mu bubienok. Tento mocný hlas môžeme počuť, len ak Boh otvorí naše duchovné uši.

Boh mi dal najprv duchovnú znalosť o priestore vo štvrtom nebi. Je to možné, keď človek prejde úrovňou „len ducha" a prejde do čistej úrovne Božieho ducha a úplne ovláda priestor štvrtého neba. Potom v duchu môže ovládať aj druhé a tretie nebo.

Tí, čo dosiahli úroveň celého ducha ako Eliáš, Mojžiš a apoštol Pavol, dosiahli úroveň, na ktorej mohli kontrolovať zlých duchov, ktorí sú v druhom nebi. Zlí duchovia sa trasú pred tými ľuďmi, ktorí dosiahli celého ducha a v skutočnosti sa k týmto ľuďom ani nemôžu priblížiť do tesnej blízkosti.

Kým však na tejto zemi žijú ľudia, ktorí sú celého ducha, nepriateľ diabol bude podnecovať hriešnych ľudí, aby ich prenasledovali a pripraví im prekážky. Táto moc je mocou, ktorú dal Boh zlým duchom až do ukončenia ľudskej kultivácie na tejto zemi. Nepriateľ diabol túto moc používa a pokúša sa prenasledovať a narúšať diela naplnenia Božieho kráľovstva.

Kvôli tomuto dôvodu, keď dosiahneme úroveň celého ducha, musíme pokračovať v boji proti mocnostiam temna až kým sa naša služba na tejto zemi neskončí. Ak však niekto ovláda priestor v štvrtom nebi, veci sa dejú pri zaznení pôvodného hlasu, takže ich nepriateľ diabol nemôže narušiť.

Niektorí sa možno budú pýtať: „Ak dal Boh zlým duchom moc, nemôžu taktiež vykonávať mocné diela?" S presvedčením môžem povedať, že nepriateľ diabol nedokáže vykonávať mocné diela zo svojej vlastnej moci.

Nepriateľ diabol prináša skúšky a testy na tých, ktorý opustia Božie slovo a páchajú hriechy, a to sa deje v súlade s pravidlami duchovnej ríše. Boh povedal hadovi, že bude žrať prach po všetky dni svojho života (1. Mojžišova 3:14), avšak hady prach nežerú. Žerú živé veci ako žaby alebo myši.

Prach tu má duchovný význam. Vzťahuje sa tu na človeka, ktorý bol stvorený z prachu zeme. Boh dovoľuje diablovi žrať tých „ľudí z mäsa", ktorí neposlúchajú slovo Pánovo a páchajú hriechy.

Stvoriteľská moc oživovať mŕtvych, postaviť chromého na nohy a otvoriť oči slepého patrí výlučne Bohu. Diabol takúto moc nemá a preto v Biblii nie je miesto, ktoré by hovorilo o tom, že by zlí duchovia vykonávali takéto diela.

V procese prípravy na vstup do priestoru štvrtého neba Boh z môjho tela odstránil fyzickú energiu a naplnil ma duchovnou energiou. Pri tomto procese vznikli v mojom tele nejaké abnormality. Bolo to preto, lebo moje telo bolo v stave trojdimenzionálneho sveta, ja som však prechádzal prípravou na ovládnutie štvordimenzionálneho priestoru štvrtého neba.

Duchovný priestor vo štvrtej dimenzii je dimenzia, v ktorej Boh existoval sám ako pôvodný zvuk a svetlo. Na tejto úrovni sa veci uskutočňujú len ich ukotvením v srdci.

Požehnanie cez tri skúšky dovolené v prozreteľnosti

Predstavme si, že Ježišova moc je 100. Potom moc, ktorú môže vykonávať človek celého ducha je maximálne 50. Apoštol Pavol je ten, čo spomedzi postáv Biblie vykonával najmocnejšie činy. Aktívne komunikoval s Bohom a napísal 14 kníh Biblie. Napriek jeho veľkosti mal len 50 % moci v porovnaní s Ježišovou mocou.

Preto nemohol spôsobiť slepým, aby videli a nemým, aby hovorili. Nebol schopný vykonávať diela prekračujúce hranice času a priestoru.

Niektorí si môžu myslieť, že Mojžiš konal na úrovni moci, ktorá bola väčšia ako Pavlova. Mojžiš však vykonával divy a zázraky, ako rozdelenie Červeného mora, poslúchaním Božieho slova.

V prípade apoštola Pavla šlo však o divy a zázraky, ktoré vykonával aj bez nariadenia Boha, skrze svoju vlastnú vieru. Na naplnenie svetovej misie v tomto čase, ktorý je plný hriechov, Boh povedal, že ani úroveň 50-percentnej moci apoštola Pavla nie je dosť.

Ak moc ktorú som mal v čase otvorenia kostola bola 1, Boh vyplnil zvyšných 99 a ukázal nám veľké divy a zázraky. Od tohto začiatku, moc ktorú som mal po troche cez rôzne skúšky viery narastala a dosiahla úroveň 50 tesne pred tromi skúškami, ktoré sa začali v roku 1998.

Týchto 50 však nebolo dosť na naplnenie celej Božej prozreteľnosti. Preto ma Boh viedol, aby som cez tieto tri skúšky získal väčšiu moc. Musel som prejsť cez zradu mnohých ľudí a bol som bezdôvodne prenasledovaný. Prekonal som to však len s radosťou, vďakou, modlitbami, láskou a dobrotou.

Nepriateľ diabol sa ma cez tieto tri skúšky a iné nástrahy pokúšal zničiť, ale zlyhal. Zákon duchovnej ríše diktuje, že odplatou za hriech je smrť. Preto diabol nemôže zabiť alebo zničiť nikoho, kto nepácha hriechy. Diabol podnietil hriešnych ľudí a ukrižoval Ježiša, ale pretože Ježiš nemal nijaký hriech, prelomil moc smrti a vstal z mŕtvych.

Od toho času už nepriateľ diabol nemohol urobiť nič, aby sa mi postavil do cesty, ani aby ďalej krížil plány misie. Keď som prešiel týmito tromi skúškami, Boh mi dal svetlo štyroch úrovní moci. Keď som sa predtým modlil, prichádzala moc dole z neba a vychádzala cezo mňa. Od toho času však svetlo Božej moci začalo vychádzať priamo z môjho vnútra.

Aby sme dovŕšili ľudskú kultiváciu v tomto svete tak plnom hriechov, potrebujeme stvoriteľskú moc. Preto ma Boh viedol do tejto úrovne dovoliac všetky možné druhy skúšok, aby ma diabol viac nemohol obviniť ani voči mne vyniesť žiadne námietky.

Pretože som tieto skúšky prekonal, diabol nemohol namietať, keď mi Boh dal Svoju moc. Bez prekonania tohoto druhu procesu by Satan voči Bohu namietal: „Dal si Svojmu služobníkovi takú veľkú moc, že vďaka nej veľa ľudí prichádza k viere. Je toto pravá kultivácia ľudí?"

Boh pracuje v dokonalej a bezchybnej spravodlivosti. Už dlhú dobu zdokonaľuje človeka, nikdy by však neurobil nič, čo by nebolo podľa spravodlivosti. Boh mi dal štyri úrovne moci a vycvičil ma, aby som mohol vstúpiť do dokonalejších úrovní.

Je to preto, že musíme naplniť svetovú misiu a po celom svete hlásať živého Boha. Cez takýto proces som si hlboko uvedomil Božiu ľudskosť, že v dobrote rozumie a chce veriť aj hriešnym ľuďom, a Jeho božskosť, ktorá rozoznáva ľudské zlo. Bol to proces Božej lásky a spravodlivosti, čo sa usídľoval v mojom srdci.

V roku 2000 úroveň moci veľmi narástla. Počnúc výpravou v Ugande sa dvere zámorskej misii široko otvorili a bola zjavená stvoriteľská moc. Nebolo však jednoduché pre človeka s ľudským telom vstúpiť do priestoru štvrtej dimenzie.

Len si pomyslite, ako tvrdo cvičia astronauti, aby sa dokázali adaptovať inému prostrediu vo vonkajšom vesmíre. Tak, ako keď vychádzajú zo zemskej atmosféry a musia čeliť obrovskému odporu, aj ja som mal silné kŕče, keď som sa pokúšal ovládnuť priestor štvrtej dimenzie.

V novembri 2003, okolo času výpravy v Rusku, moje cvičenie vrcholilo. Aj moje kŕče vrcholili. Nemohol som ani spať, pretože som vo dne v noci musel proti týmto kŕčom bojovať. V roku 2004 však kŕče značne oslabili.

Ešte aj teraz ma ťažia bremená svetovej misie a stavba svätyne a finančné záležitosti týkajúce sa týchto vecí. Keď všetky tieto starosti pominú, oddýchnem si a v tej chvíli prirodzene zmiznú aj kŕče.

Dňa 15. apríla 2004 som mal dokončiť moje duchovné štúdie. Za tým ma čakalo cvičenie, v ktorom som si mal reálne vyskúšať, čo som sa naučil. V ten deň som bol v mojom modlitebnom dome a okolo slnka bola veľmi jasná okrúhla dúha.

Cítil som, že odkedy som dokončil duchovné štúdie, moja moc narástla. Diela uzdravenia sa diali oveľa rýchlejšie ako predtým. Aj ja sám som bol prekvapený. Človek s vážnymi popáleninami sa uzdravil a očistil od akýchkoľvek jaziev len za jeden týždeň.

Členom kostola sa dostávalo požehnaní tak rýchlo. Všetko šlo rýchlo. Keď úplne dokončím toto duchovné cvičenie, budem schopný vykonávať mocné Božie diela v rámci práva Božej lásky a spravodlivosti bez akýchkoľvek prekážok, prekračujúc limity fyzikálneho a duchovného priestoru. V októbri 2004 som začal duchovné cvičenie rukami Boha, ktorý ma viedol do vždy hlbších úrovní Svojej moci.

Vyliečenie depresie prostredníctvom bohoslužby cez internet

Wei Iranová, ktorá žila v Taiwane, trpela od mája 2004 kvôli nadmernému stresu v práci depresiami a nespavosťou. Každý deň medzi 4. a 5. hodinou popoludní mávala problém s dýchaním, a to do takej miery, že ju museli zobrať do nemocnice a dať jej kyslíkovú masku. Lieky nefungovali.

Hlavným dôvodom depresie je stres, a je ťažké ju prekonať len samotnou vôľou človeka. Vo vážnych prípadoch pacienti spáchajú samovraždu. V súčasnosti sa toto stalo celosvetovým fenoménom.

Jej stav sa ďalej zhoršoval a v júli s musela zobrať dovolenku pre práce neschopnosť. Nebolo to len kvôli depresii, ktorou trpela, mala tiež Meniérovu chorobu, čo znamená že mala závrate a stratili cit pre rovnováhu. Jej zreničky stratili schopnosť zaostrenia. Jej telo bolo také stuhnuté, že sa dokázala pohybovať len za pomoci iných ľudí.

V tejto situácii prijala evanjelium, ktoré jej zvestovali jej priatelia a navštívila taiwanský Kostol Manmin. Začala sa zúčastňovať nedeľných bohoslužieb cez internet a prijala Božiu milosť. Na radu tamojšieho pastora tiež počúvala predchádzajúce kázne a volala v modlitbách. Keď počúvala posolstvá, spoznala svoje hriechy a zlo a kajala sa v slzách. Jej viera krok za krokom narastala.

Pastor taiwanského Kostola Manmin mi poslal fotografiu tejto pani a požiadal ma, aby som sa za ňu modlil. Na piatkovej celonočnej bohoslužbe 17. septembra som položil ruky na jej fotografiu a úprimne som sa modlil. Boh na túto modlitbu odpovedal a jej depresia a Meniérova choroba boli uzdravené.

Od toho času mohla pohodlne spať a normálne dýchať. Čoskoro sa vrátila do práce a niekoľkokrát navštívila hlavný kostol v Kórei. Teraz je vernou kresťankou.

Púť

V marci 2004 som šiel na púť. Bol som už na mnohých pútiach, tentokrát to však bol veľmi odlišný zážitok, plný špeciálnych emócií. Galilea bolo hlavné miesto Ježišovho verejného pôsobenia. Bolo to miesto, kde si povolal mnohých zo Svojich dvanástich učeníkov a vykonal mnoho divov. Náš tím tam prežil plnohodnotný čas v chválach, modlitbe a meditácii na palube lode plaviacej sa Galilejským morom.

Meditovanie o Ježišovi

Toľké slová, ktoré Ježiš učil, sa stali žiarivými drahokamami a žiarili v mori. Prešiel Ježiš touto cestou? Ježiš hlásal evanjelium a konal divy a nemal dosť času jesť alebo si pohodlne oddýchnuť.

Nemohol som len tak prejsť okolo ani jedného stromu, skaly alebo rastliny v Galilei. Keď som si prezeral mesto v Galilei, tak veľmi mi chýbal Pán, že mi len myšlienka na to lámala srdce. Na úsvite som sa úprimne modlil pozerajúc na Galilejské more a meditoval som nad Ježišovými skutkami.

Moja túžba po Pánovi sa čoskoro zmenila v slzy, ktoré sa mi nazbierali v očiach. Keď som sa modlil v Galilei, Boh mi v inšpirácii ukázal scénu z Biblie.

Ježiš navštevoval veľa miest, učil a uzdravoval chorých a nemal dosť času si ani oddýchnuť. Ježiš a Jeho učeníci kráčali a na chvíľu si sadli. Potom Peter, ktorý bol niečo ako vodca dvanástich, bol naplnený túžbou silno sa držať Ježiša a slúžiť Mu. Peter vždy kráčal vpredu. Vyzliekol si rúcho a utrel vrch kameňa, aby si tam Ježiš mohol sadnúť.

Ježišove nohy za pri kráčaní prašnými ulicami zašpinili. Keď si sadol, Ján Mu utrel nohy a sandále svojimi šatami. Učeníci vošli do blízkych domov, aby zohnali nejaké jedlo. Boli to ploské tenké okrúhle pecne chleba.

Peter vybral ten najlepší a podal ho Ježišovi. Potom som videl apoštolov si len tak posadať na okraj cesty a rozdeliť si tých niekoľko kusov chleba. Ježiš prijal srdce Svojho učeníka, ktorý Mu slúžil celým svojím srdcom a zjedol celý jeden peceň chleba.

Slová, ktoré Ježiš vyslovoval sa vytvárali ako niečo ako kvapky vody v Galilejskom mori. Ani s modernou vedou nedokážeme znovu počuť Ježišov hlas, ale ak nám Boh otvorí naše duchovné oči a uši, dokážeme vidieť a počuť tieto veci aj my. Duchovnými očami sme tiež mohli vidieť stopy silného svetla tam, kde Ježiš prebýval alebo kade prešiel.

Na Galilejskom mori

Hora premenenia

Hora premenenia je miesto, kde sa Ježiš šiel modliť spolu s Petrom, Jakubom a Jánom. Traja učeníci tu pozorovali, ako sa Ježiš premenil do duchovného tela, stretol sa s Mojžišom a Eliášom a viedol s nimi hlbokú duchovnú konverzáciu. Peter povedal, že chce postaviť tri svätostánky.

Keď som tam vyšiel, videl som miesto, ktoré bolo viac než dostatočne veľké na postavene troch svätostánkov. Nebolo pre Ježiša a Jeho učeníkov ťažké vyjsť na túto horu? Cítil som duchovné svetlo, zvuky a energiu.

Svojimi duchovnými očami mohol človek rýchlo rozpoznať miesto, kde sa Ježiš stretol s Mojžišom a Eliášom, pretože bolo pokryté silnými svetlami. Asi 50 alebo 60 metrov od tohto miesta bol kostol, postavený na pamiatku udalosti premenenia.

Navštívil som tiež Getsemanu a Kostol všetkých národov (v Kórejčine preložené ako „Manmin"), ktorý je postavený na mieste, kde sa Ježiš modlil pred tým, ako zobral na seba kríž, kým sa kvapky Jeho potu nezmenili na krv.

Via Dolorosa

Jeruzalem je pochmúrne mesto. Je to preto, lebo tamojší ľudia neprijali Ježiša ako Spasiteľa, ale Ho namiesto toho ukrižovali. Cítil som Ježišov smútok a slzy za Jeruzalem. Vedľa Múru nárekov je zlatý dóm. Je to moslimský chrám.

Deň po tom, čo sme prišli do Jeruzalema, sme na CNN počuli neočakávanú správu. Izraelská vláda spravila atentát na palestínskeho vodcu šejka Ahmeda Yassina. Situácia v Jeruzaleme bola napätá.

Palestínčania zatvorili svoje obchody na znak demonštrácie. Via Dolorosa je väčšinou preplnené a hlučné miesto s mnohými obchodmi a arabskými obchodníkmi, ktorí pozývajú zákazníkov do svojich obchodov. Pre pútnikov zvyčajne nie je jednoduché v tichosti meditovať nad Ježišom nesúcim kríž, keď sa cez ulicu a hore vrchom musia prediera\tlačenicou ľudí.

V ten deň však kvôli arabským obchodníkom, ktorí ako prejav demonštrácie zatvorili svoje obchody, sa Via Dolorosa zmenila na tichú ulicu. Mnoho iných pútnikov taktiež zrušilo svoje plány kvôli bezpečnostným dôvodom a nevideli sme ani veľa miestnych obyvateľov. V našej púti sme mohli pokračovať vo veľmi tichom a vážnom prostredí. Boh mi dal Svoju milosť, aby som v jasnej inšpirácii cítil scény z Ježišových časov.

Cítil som, že Ježiš, kým niesol kríž, neustále v duchu komunikoval s Bohom. Ježiš prekonával bolesti každého momentu komunikáciou s Bohom. Keď tadeto kráčal, Otec v nebesiach tiež cítil rovnaký druh bolesti.

Aj Petra sa dalo vidieť len matne, nasledujúc zástup ďaleko za Ježišom. Od toľkej ľútosti a kajúcnosti bol v slzách. Neodvážil sa priblížiť do Ježišovej blízkosti, lebo si myslel: „Ako som len mohol zaprieť Pána trikrát?"

Hneď po tom, čo Peter trikrát zaprel Ježiša, odišiel a žialiac sa kajal. Zdá sa to byť prirodzené, že Peter nasledoval Ježiša nesúceho kríž. Dôvod, prečo to nie je zaznamenané v Biblii je, že Peter nasledoval Ježiša zo vzdialenosti a učeníci ho nevideli.

Ženy, ktoré boli s Ježišom až do konca

Panna Mária nasledovala Ježiša. Mala zlomené srdce a bola tak psychicky a fyzicky omámená, že nemala plnú kontrolu nad svojím telom. Mária Magdaléna ju podporovala a prejavovala sústrasť a zároveň smútok. V tom momente žena, ktorá bola uzdravená zo svojho krvácania, smelo prišla pred Ježiša, aby Mu utrela kvapky potu.

Rímsky vojak sa ju pokúsil odtisnúť, ona však veľmi rýchlo prekľučkovala pomedzi ľudí a utrela Ježišovi pot. Z ničoho nič zasvišťal bič a tvrdo ju zasiahol. Padla na zem. Vojaci odháňali ľudí kopijami a štítmi.

Tieto ženy mohli rímski vojaci chytiť a zabiť. Oni sa však nebáli a nasledovali Ho celú cestu až na miesto ukrižovania.

Tieto ženy boli tiež prvé pri Ježišovej hrobke. Golgota sa nachádza asi 800 metrov nad morom. V tom čase nemali dláždené cesty ako dnes, bol to teda drsný terén.

Prvý deň po sabate vyšli hneď na úsvite Mária Magdaléna a Panna Mária na Golgotu. Neotesané kamene im poranili nohy a poškodili šaty, ale im to nevadilo. Dokonalá láska vyháňa strach (1. Ep. sv. Jána 4:18).

Oheň Ducha Svätého v Nemecku

Božie ruky nás v uskutočnení svetovej misie viedli do Nemecka. V Božej prozreteľnosti bolo prebudiť Nemecko a Európu, kde sa obrodenie zastavilo.

Nemecko je rodiskom reformácie, veľa kostolov je však prázdnych, a tak, ako v iných európskych krajinách, je ťažké v kostole nájsť mladých ľudí. Je to čiastočne kvôli vývoju filozofie a liberálnej teológie, ktoré učia ľudí, že je v poriadku robiť ústupky svetu a nežiť život, ktorého centrom je Biblia.

Veľa kostolov v Európe dnes duchom nie je veľmi odlišných od zboru v Sardách, ktorý od Pána dostal pokarhanie: „...*máš meno, že žiješ, a si mŕtvy*" (Zjav. sv. Jána 3:1).

Tí, čo majú slovo Božie len ako vedomosť, nemajú skutky, ktoré by sledovali ich vieru. Znamená to, že majú mŕtvu vieru a nemôžu byť spasení (Jakub 2:26).

V Nemecku prešiel už dlhý čas, odkedy mladí opustili cirkev. Veľa ľudí stratilo pravú vieru. Ak počujú, že zázraky z Biblie sa dejú aj dnes, vrhajú zvláštne pohľady a výrazy pochybnosti. Aby sme prebudili Nemecko z tohoto druhu duchovných driemot, usporiadali sme od 1. do 3. októbra 2004 výpravu v aréne Oberhausen, ktorá sa nachádza v Düsseldorfe.

Rev. Alexander Yepp a iní pastori, ktorí výpravu pripravovali, povedali, že je ťažké zhromaždiť len dve alebo tri tisícky ľudí, a to aj na podujatia najznámejších buditeľov. Povedali, že by to bol úspech, ak by sa zišlo aspoň tisíc ľudí. Chceli teda prenajať miesto, ktoré by zastrešilo iba 1 500 ľudí.

Presvedčili sme ich, že kráčame s vierou a nakoniec sme získali arénu Oberhausen s 12 000 miestami. Tisícky našich členov sa za výpravu v Nemecku každú noc modlili na modlitebných stretnutiach.

Boha sa pravdepodobne modlitby, pôst a misijné milodary členov nášho kostola za prebudenie cirkví v Európe dotkli, a zjavil nám explóziu diel Ducha Svätého.

Na rozdiel od odhadu miestnych pastorov bola aréna od prvého dňa plná ľudí a účastníci počúvali posolstvá veľmi pozorne. Pri počúvaní posolstiev získali vieru a keď som sa modlil za chorých, zažila aréna výbuch zázrakov uzdravenia.

Od prvého dňa sa mnoho ľudí, ktorí prišli na vozíčkoch, postavilo a začalo chodiť a hluchým sa navrátil sluch. Mnohí nadobudli dobrý zrak a odhodili svoje okuliare. Veľa iných sa vyliečilo z nevyliečiteľných ochorení a rozprávalo svedectvá na pódiu. Lekári tieto uzdravenia zdokumentovali a medicínsky overili priamo na mieste.

Dr. Geoffrey sa špecializoval na športovú medicínu. Keď sa uňho prejavila encefalomeningitída, dostal cukrovku. Spolu so srdcovým infarktom sa jeho tlak vyšplhal na 180. Podľa diagnózy

Festival zázračných uzdravení v Nemecku, aréna Oberhausen

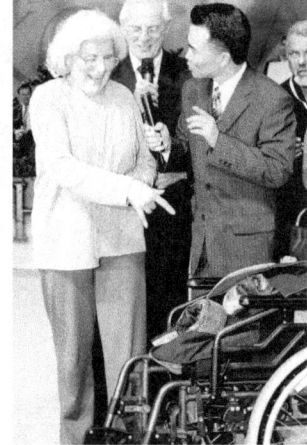

Ľudia svedčiaci o svojich uzdraveniach cez modlitbu

nemal dlho žiť.

Už od prvého dňa sa však zúčastnil výpravy a na tretí deň prijal cez modlitbu za chorých oheň Ducha Svätého. Jeho srdcové zlyhanie bolo uzdravené, jeho tlak sa vrátil do normálu a aj v iných ochoreniach sa mu uľavilo. Pretože sa Dr. Geoffrey uzdravil zo svojich medicínsky nevyliečiteľných ochorení, poslal nám ďakovný list spolu s podpornými zdravotnými dokumentmi.

Mnohí iní sa zúčastnili výpravy po tom, čo na ulici videli plagáty a bilbordy. Iní prišli po tom, čo videli správy o výprave v televízii. Zažili tu diela uzdravenia. Táto výprava bola vysielaná naživo do 75 krajín cez 4 satelity a dostali sme tiež mnoho svedectiev, v ktorých ľudia tvrdili, že boli uzdravení, keď výpravu pozerali v televízii.

Miestnych pastorov nesmierne šokovalo, keď boli svedkami uzdravenia svojich vlastných členov kostola a rodinných príslušníkov. Keď videli explóziu diel Ducha Svätého, priznali, že skutočne uverili, že Božie živé diela sa stále dejú tak, ako sa diali za čias Ježiša a získali tiež viac nápadov a sebadôvery vo svojej službe.

V Peru, niekdajšom kráľovstve Inkov

V Peru je stále cítiť dych ríše Inkov, ktorá rozkvitala ako veľkolepá staroveká civilizácia. Machu Picchu je jeden z pozostatkov Inkov a nachádza sa v údolí Urubamba, 2 280 metrov nad morom.

Je obklopené ostrými vrcholmi hôr, spod ktorých ho nemožno vidieť. Preto ho volajú „mesto v oblakoch".

Má chrámy, palác a obytné štvrte, postavené Inkami v 15. storočí. Sú tam obrovské kusy skál, ktoré boli nahladko otesané a merajú viac ako 6 metrov do výšky a 1,5 metra do šírky.

Len jeden kus skaly by vážil niekoľko ton. V súčasnosti je to jeden z divov sveta, pričom je záhadou, ako ich vyniesli na vrch hory, alebo ako do nich tesali tak, ako keby sme my krájali tofu, a všetky ich dokonale uložili bez akýchkoľvek medzier. Machu Picchu znamená „starý vrch" a bolo objavené a ukázané svetu na začiatku 20. storočia po tom, čo ho v roku 1911 našiel americký historik Hiram Bingham.

Keď som v decembri 2004 dorazil do Peru, cítil som, prečo Boh vybral pre výpravu túto krajinu. Peruánci sa hrdia tým, že sú potomkami Inkov, avšak veľa si tiež vytrpeli, keďže boli dlhý čas kolóniou. Boli chudobní a čistí srdcom a videl som, že túžili po Božej moci viac ako ktorákoľvek iná krajina.

Stretnutie s prezidentom Toledom

1. decembra 2004, tesne pred spojenou výpravou v Peru, ma prezident Toledo pozval do prezidentského paláca. Môj

Stretnutie s peruánskym prezidentom Toledom v prezidentskom paláci

prvý dojem z neho bol taký, že bol plný starostí a agónie, pravdepodobne kvôli stresu zo spravovania krajiny.

Rozprávali sme sa o mnohých veciach a on povedal: „Pri žití každodenného života nie je ľahké napĺňať duchovné potreby. Rešpektujem tých, čo vedú duchovné životy a duchovne vedú iných."

Požiadal ma tiež, aby som sa zaňho modlil: „Prosím vás, modlite sa, aby som získal nebeskú múdrosť a silu dobre spravovať a rozvíjať túto krajinu a tiež za jednotu všetkých Peruáncov." Modlil som sa za mnoho vecí, vrátane ekonomického rozvoja a za stabilitu politiky v Peru.

Aj keď sme sa stretli len na krátky čas, vyjadril mi svoju vďaku. Možno preto, lebo cez modlitbu získal akýsi pokoj mysle. Keď sme po výprave opúšťali krajinu, poslal predsedu väčšinovej strany, aby vyjadril svoju vďaku.

Nekonečný zástup

Od 2. do 4. decembra sme poriadali výpravu v „Campo de Marte" v Lime. Táto výprava sa konala s podporou od politikov, podnikateľov a tlače. Počas troch dní sa zhromaždilo viac ako 500 000 ľudí.

Silné diela Ducha Svätého uzdravili nie len účastníkov. Niektorí z tých, čo výpravu pozerali v televízii, taktiež zažili uzdravenia a prišli na miesto výpravy. Tí, čo predtým nemohli chodiť, odtlačili svoje vozíky, odhodili svoje barly a kráčali.

Niektorí boli uzdravení z rakoviny a iným sa navrátil zrak. Pódium bolo preplnené ľuďmi, ktorí rozprávali svedectvá o svojom uzdravení. Nie len tí, čo sami zažili zázraky, ale aj ich rodinní príslušníci a susedia sa spoločne radovali a plakali.

Táto výprava bola tromi kanálmi naživo vysielaná po celom Peru, a 20 stanicami, rôznymi káblovými sieťami a internetom do celého sveta.

Na pódiu boli usadení mnohí politickí, obchodní a náboženskí predstavitelia krajiny a tiež predstavitelia tlače. Bol tam bývalý viceprezident Mximo San Roman a pani Rosa Graciela Yanaricová, predsedníčka väčšinovej strany. Zúčastnili sa mnohí členovia parlamentu, pastori a predstavitelia tlače z celého sveta.

V jednom rohu miesta výpravy bol pripravený stôl na prijímanie registrácií svedectiev. Viac ako 20 miestnych lekárov a sestier zdokumentovalo a zaznamenalo prípady uzdravenia a zaregistrovalo svedectvá. Victor Callo Yerena (proesor Lekárskej fakulty San Hernando) povedal: „Nikdy som naozaj neveril v Boha. Ale cez túto výpravu, po tom, čo som tu videl prípady uzdravenia, som musel potvrdiť existenciu Božích zázrakov."

Príbeh o podnikateľovi, pánovi Arceovi

Podnikateľ menom Vincente Diaz Arce bol aktívnym účastníkom tejto výpravy. Je to vplyvný obchodník a je známy svojou charitatívnou činnosťou. Počul hlas Ducha Svätého, ktorý mu hovoril, aby pomohol našim pracovníkom, ktorí pripravovali výpravu v Peru a stretol sa s nimi. Predstavil nás predsedovi väčšinovej strany a tiež nám pomohol viesť úspešnú výpravu.

Bol však na zozname hľadaných kvôli nejakým právnym problémom. Bol nespravodlivo obvinený svojím predchádzajúcim obchodným partnerom a sudca ho odsúdil. Ak by ho chytili, mal byť uväznený na tri roky, zostal teda doma, aby sa vyhol polícii. Jeden raz sa s našimi pracovníkmi stretol mimo

Uzdravovacia výprava v Peru

domova, polícia ho však nezbadala.

30. novembra, v deň, keď som dorazil do Peru, prišiel do hotela, aby sa so mnou stretol. Modlil som sa za jeho problém. V tom momente sa rozhodol zúčastniť všetkých troch dní výpravy. Bolo to rozhodnutie spoľahnúť sa len na Boha.

Na ďalší deň sa Boh chytil práce. Na rozdiel od iných krajín funguje v Peru stretnutie sudcov a bolo možné prípad znovu prešetriť. Iný sudcovia mohli navyše robiť úpravy a zmeny. Stalo

Nespočetné množstvo ľudí svedčí o svojich uzdraveniach

sa teda, že dokumentmi týkajúcimi sa pána Arceho prešiel iný sudca. Tento sudca prišiel k záveru, že pán Arce nebol vinný a upovedomil ho o tom.

Keď 2. decembra pán Arce obdržal list od sudcu, bol hlboko pohnutý cítiac moc modlitby. Pretože sa jeho problém vyriešil, mohol sa slobodne zúčastniť výpravy. Pomohol nám v organizácii úspešnej výpravy, zariadiac mnoho administratívnych záležitostí a tiež iných vecí.

Po skončení výpravy nám mnohí tí, čo boli uzdravení, poslali svoje svedectvá. Pretože mnoho ľudí bolo svedkami zázrakov, počul som, že veľa kostolov zažívalo obrodenie.

Výprava mala počas troch dní viac ako 500 000 účastníkov a skončila sa úspešne. Jej vplyv viedol k nevládnej diplomacii, pri čom politici, podnikatelia a predstavitelia tlače pokračujú v navštevovaní Kórey.

Dňa 15. mája 2005 sa viceprezident David Waisman a bývalý viceprezident Maximo San Roman zúčastnili nedeľnej bohoslužby v našom kostole v Soule. V tom čase pracoval viceprezident Waisman na obnovení vplyvu Peru pomáhaním prezidentovi Toledovi, a bývalý viceprezident Maximo San Roman veľmi usilovne pracoval na sociálnej sieti pre dobro verejnosti.

Nasledujúci rok navštívil náš kostol viceprezident David Waisman so svojou ženou, spolu s pánom Vincentom Arceom a predsedom väčšinovej strany Peru. Boli dotknutí pastoračnou službou Manminu a stali sa dobrými pomocníkmi. Po tejto výprave bol pastor Lazarus Jaeho Lee poverený ako misionár pre Latinskú Ameriku. Založili sme kostol v Lime, kde vykonáva aktívnu misionársku prácu cez vysielanie a vreckovkové výpravy.

Zvolené ako jeden z nových siedmich divov sveta

Dr. Esther Kooyoung Chungová prebúdza ako prezidentka Manminského medzinárodného seminára (M.I.S) mnohých pastorov po celom svete. Súčasne je tiež riaditeľkou prekladateľskej kancelárie so zodpovednosťou za spravovanie a riadenie prekladateľskej práce nášho kostola. Je bývalou

Prezident Národnej univerzity San Antonio v Cusco odovzdal Dr. Esther Kooyoung Chungovej čestnú profesúru

prezidentkou Ženskej univerzity v Soule, čo ju postavilo do pozície najmladšej prezidentky univerzity v Kórei. V máji 2007 šla na misijnú cestu do Latinskej Ameriky, aby vo viacerých krajinách viedla Konferenciu pastorov. Konferencia bola naplánovaná aj v Cusco, Peru.

Niektorí miestni pastori však počuli falošné správy od niektorých iných kórejských misií a zdalo sa, že konferencia bude zrušená. V tomto momente nám Boh zjavil svoju prácu ešte väčšmi.

Prezident Národnéj univerzity San Antonio v Cusco počul

Konferencie MIS prebúdzajú pastorov po celom svete (v Hondurase)

túto správu a pozval Dr. Chungovú na konferenciu na tejto univerzite. Aj on sa zúčastnil výpravy v Peru a mal povedomie o pastoračnej činnosti Manminu.

Dr. Chungová prišla do Cusco po skončení konferencie v Miami. Hlásala posolstvo s názvom „Duchovné zákony: Stvorenie a veda." Konferencia sa začala tlačovou konferenciou a pokračovala ďalšie dva dni. Bola naživo vysielaná na CTC, ktorá pokrývala celý štát Cusco. Konferencia bola taká populárna, že sa veľa ľudí dožadovalo jej záznamu na videu.

Po skončení konferencie odovzdal prezident Národnej univerzity San Antonio v Cusco Dr. Chungovej čestnú profesúru, ktorá bola schválená peruánskou vládou.

V tom istom čase sa mesto Cusco snažilo ako sa dalo, aby bolo mesto Machu Picchu zvolené ako jeden z nových siedmich divov sveta. Rozhodovali rôzne kritériá, vrátane hlasovania cez internet a cez telefón. Peru v tomto malo nevýhodu, keďže nie veľká časť populácie má prístup k internetu. Keď tam bola Dr. Chungová, požiadala primátorka mesta Cusco náš kostol, aby sa za tento problém modlil.

Na druhý deň sa konferencia konala v kongresovej hale mesta Cusco a našťastie sa tiež v hlavnom kostole v Kórei konala piatková celonočná bohoslužba. Keď nás požiadali, aby sme sa modlili, modlil som sa počas bohoslužby, aby bolo Machu Picchu zvolené ako jedno z nových siedmich divov sveta. Predstavitelia mesta Cusco dostali odpoveď v reálnom čase cez živé internetové vysielanie.

7. júla 2007 bol ohlásený výsledok hlasovania. Machu Picchu bolo zvolené ako jeden z nových siedmich divov sveta, pritiahnúc zvýšenú pozornosť sveta opäť na Peru.

„S modlitbami a podporou členov Centrálneho kostola Manmin mohlo byť Machu Picchu vybrané ako jeden zo siedmich divov sveta. Veľmi pekne ďakujeme."

Túto správu poslala primátorka Cusco, Marina Zequeiros, nášmu kostolu s pozdravom a plaketou uznania.

Ťažký boj proti chudobe a chorobám v Demokratickej Republike Kongo

Demokratická Republika Kongo je treťou najväčšou krajinou v Afrike. Napriek tomu, že prekypuje prírodnými zdrojmi, je zbedačovaná vojnami a endemickými ochoreniami. Boli vo veľkej potrebe slova života a Božej moci. Mnoho rokov nám chodili žiadosti od pastorov, aby sme usporiadali výpravu v tejto krajine.

Správa o Božej moci sa šírila cez vysielanie, internet a publikácie. Dostávame veľa prosieb o výpravu, nikdy som však o mieste nerozhodol ja sám. Šiel som len do krajín, do ktorých mi Boh povedal, aby som šiel. Keď som sa modlil za Kongo, Boh mi odpovedal, že tam mám usporiadať výpravu v roku 2006, a že to bude posledná výprava v Afrike.

Napriek prekážkam diabla

Keď sa blížil čas výpravy, propagovali ju každý deň v národnej televízii. Diabol sa obával toho, čo sa malo prostredníctvom výpravy v Kongu diať a pokúsil sa ju prekaziť. Cirkvi v Demokratickej Republike Kongo boli rozdelené do dvoch skupín.

Evanjelické cirkvi s nami na výprave spolupracovali, nemali však dobré vzťahy s druhou skupinou. Opäť tam boli pastori ovplyvnení kórejskými misiami, ktoré šírili falošné správy nespolupracovali.

Medzi tými, čo napomáhali prezidentovi Konga boli tiež akýsi čarodejníci, a tým sa nepáčilo, že by sa tam mala konať kresťanská výprava. Prezidentovi boli nahlásené absurdné veci spolu so sfalšovanými dokumentmi, ktoré boli poslané z Kórey.

„Rev. Jaerock Lee sem prichádza, aby zväčšil svoj vplyv."

„Nebude to dobré pre prezidenta. Mali by ste tú výpravu zastaviť."

Ich všeobecné voľby a prezidentské voľby boli naplánované na apríl a jún. Veľa ľudí prezidentovi hlásilo negatívne správy, a tak je prirodzené, že mal na nás negatívny názor.

Nasledujúc dobro

Jeden deň pred odchodom z Kórey sme dostali žiadosť od ministra športu, aby sme miesto našej výpravy presťahovali posledný deň na iné miesto. Pretože sa mal v nedeľu konať veľmi dôležitý futbalový zápas, potrebovali sa v sobotu pripraviť na jeho začiatok.

Bolo pre nás veľmi ťažké presťahovať pódium v posledný deň. Potrebovali sme premiestniť obrovské pódium, osvetlenie a video obrazovky, systém ozvučenia a všetko ostatné a postaviť to všetko odznovu len za jeden deň.

Festival zázračných uzdravení v Demokratickej Republike Kongo

Mali sme zmluvu na použitie štadiónu „Stade des Martyrs",
čo znamená „Štadión mučeníkov", počas celých troch dní,
ale Božie slovo nám hovorí, aby sme dávali, keď si iní pýtajú.
Pravdaže, všetko rozdať len tak na požiadanie iných nemusí byť
vždy správne, ale keď dávame nasledujúc dobro, Boh sa teší.
Poradil som pracovníkom, aby ich požiadavku prijali.

„Podriaďte sa všetkému, čo budú požadovať. Ak budeme
trvať na tom, aby bola zmluva dodržaná, koľkým trápením bude
musieť prejsť človek, ktorý to má na starosti, za to, že zabudol
na také veľké podujatie a podpísal zmluvu s nami? Určite v tom
je Božia prozreteľnosť, že máme v posledný deň zmeniť miesto
výpravy."

Prijali sme ich požiadavku a rozhodli sa poriadať výpravu na tretí deň niekde inde. Chceli sme použiť cesty a iné otvorené polia okolo „Boulevard Triomphal" (Bulvár víťazstva), nebolo však ľahké získať povolenie, ktoré sme potrebovali.

Doteraz cesty uzatvorili len raz, kvôli národnému podujatiu pre prezidenta. Navyše sa na tretí deň výpravy konalo veľmi dôležité národné politické podujatie. Bolo takmer nemožné uzatvoriť cesty, ktoré boli v takej tesnej blízkosti parlamentu.

Stretnutie s prezidentom plné zvratov

Po tom, čo som 15. februára 2006 dorazil do Demokratickej republiky Kongo, pochopil som, prečo politici venovali takú pozornosť mojej návšteve.

V posledný deň výpravy sa konala vládna ceremónia pri príležitosti zmeny ústavy. Zmenili organizáciu vlády a dokonca aj národnú vlajku. Bolo to tiež chúlostivé obdobie tesne pred prezidentskými voľbami. Nemohli teda inak ako byť veľmi citliví na to, ako by ich naša výprava mohla ovplyvniť.

V prvý deň výpravy, 16. februára, som dostal od prezidenta Josepha Kabilu pozvanie do prezidentského paláca. Niektorí sa pokúšali prekaziť naše stretnutie s prezidentom, ale pretože Boh pohol jeho srdcom, stretnutie sa zázračne uskutočnilo. Vo veľmi príjemnej konverzácii sa prezident Kabila dozvedel, že obsah správ, ktoré mu boli prinášané a fakty záležitosti boli úplne odlišné.

Porozumel, že som neprišiel s nijakým politickým zámerom, ale len kvôli mieru a uzdraveniam v DR Kongo. Jeho postoj sa zmenil na priateľský.

Stretnutie s prezidentom Josephom Kabilom z DR Kongo

„Prosím modlite sa za pokojné všeobecné voľby. Máte nejaký problém s výpravou? Pomôžem vám," povedal prezident.

„Na tretí deň výpravy sa musíme presťahovať na iné miesto a máme problém nájsť vhodné miesto," odpovedal biskup Kienza, predseda organizačnej komisie výpravy.

„Prečo si nepozriete druhú telocvičňu?"

„Druhá telocvična sa prerába. Dovoľte nám prosím uzatvoriť cesty vedľa parlamentu."

Prezident našu požiadavku prijal. Keď sme odišli z prezidentského paláca, podpísal dokumenty, ktoré nám povoľovali uzavrieť cesty. Bolo to možné len s právomocou prezidenta.

V prvý a druhý deň sa na štadióne zišlo asi 100 000 ľudí. Prezident bol zaneprázdnený, a tak nemohol prísť, poslal však svoju sestru, dvojičku, Dr. Janet Kabilovú, ktorá vystupovala ako prvá dáma. Zúčastnili sa aj viceprezident pán Bemba so svojou ženou. Prišli aj mnohí ľudia z iných krajín.

Našej výpravy sa zúčastnil aj Pán Werasson, veľmi slávny a populárny africký spevák, a spieval na Božiu slávu. Po výprave prišiel aj so svojou rodinou, aby prijal moju modlitbu. Mal dve dcéry, jeho žena však neporodila dieťa už sedem rokov. Na jeho žiadosť som sa modlil, aby mal syna.

Táto výprava bola naživo vysielaná konžskou národnou televíziou a na iných známych kanáloch, a cez viac ako 10 satelitov tiež do viac ako 150 krajín. Boh vyliatím Svojej moci uzdravil mnohých ľudí, ktorí trpeli chudobou a chorobami. Veľa ľudí svedčilo, že sa uzdravilo z nevyliečiteľného AIDS. Toľko ľudí prišlo rozpovedať svoje svedectvo na pódium, že sme sa obávali, aby sa nezrútilo.

Nekonečný zástup

Na tretí deň sa zišiel taký veľký zástup, že bolo ťažké vidieť koniec. Odhadovali sme asi 500 000 ľudí. Keby sme neboli zmenili miesto, nebolo by možné všetkých zmestiť len do samotného štadiónu.

Kvôli veľkému zástupu sa mohli v štadióne vyskytnúť nehody, pretože však Boh všetko toto vedel, viedol nás na väčšie miesto.

Tí, čo boli slepí a nemí, a čo sa spoliehali na barly a invalidné vozíky, a čo trpeli rôznymi chorobami ako rakovina a AIDS, sa veľmi rýchlo uzdravili. Boh ich uzdravil ohnivou činnosťou

Ducha Svätého v mene Ježiša Krista.

Bol tam jeden starší muž menom Masudi Lisongi Bosongo a bol rybárom. Mal 64 rokov a na živobytie si zarábal chytaním zopár rýb. Kvôli kataraktom dobre nevidel, a tak nosil okuliare. Jeho jedinou radosťou bolo počúvanie rádia. V rádiu počul aj správu o výprave, nebol však schopný dať dokopy poplatok za cestu.

Tak ako vdova, ktorá dala svoje dva haliere, čo bolo všetko, čo mala, predal svoje rádio, svoj jediný majetok, za 9 dolárov a zúčastnil sa výpravy. Boh prijal jeho skutok viery s potešením a uzdravil ho.

Svedčil, že naňho prišiel oheň od zátylku smerom k hlave a dole k jeho očiam. Navrátil sa mu dobrý zrak a už viac nemusel nosiť okuliare.

Vysielanie do Afriky a celého sveta cez satelit

Pastora Petra Kima sme poslali do DR Kongo ako misionára. Za menej ako rok od otvorenia misie navštevuje nedeľnú bohoslužbu viac ako tisíc členov.

Naša výprava zapôsobila a dotkla sa aj biskupa Paula Musafiriho, bývalého ministra, a navštívil náš kostol. V súčasnosti nám pomáha a aktívne pracuje v DR Kongo. Dovoľte mi uviesť jeho list.

„Posielam Vám úprimný pozdrav z DR Kongo. Spoločne veríme v Boha, ktorý je s Rev. Dr. Jaerockom Leeom a dosvedčujem, že sa tu dejú úžasné Božie diela, pretože ste sa modlili za túto krajinu.

V januári 2008 bola po toľkých bojoch podpísaná

mierová dohoda vo východnej časti. Bol som poslaný do Gomy, vo východnej časti krajiny a zostal som tam kvôli tejto mierovej dohode mesiac. Zúčastnil som sa tiež konferencie Rev. Myong-hoa Cheonga, arcibiskupa pre africký kontinent a bol som jeho posolstvom veľmi pohnutý.

Aj po podpísaní mierovej dohody, sa tí, ktorí sú proti nej, pokúšajú zmiesť krajinu zlými správami od východu po západ Konga, ale ja verím, že Vaša modlitba je stále s Demokratickou Republikou Kongo.

Píšem Vám najmä preto, aby som Vás požiadal, aby ste sa za nás modlili ešte viac. Prosím Vás, aby ste sa modlili s láskou za prezidenta Jospha Kabilu, politikov a celý prezidentov sprievod. Môj spolupracovník pastor Perer Kim si takisto počína veľmi dobre. Máme spoločenstvo, ktoré je väčšie, ako to krvavých bratov alebo rodiny a zdieľame sen a víziu Manminu.

Musel čeliť mnohým ťažkostiam od policajných dôstojníkov, pretože je zahraničný misionár, v mene Pánovom ich však vždy prekonal. Dostal dobré miesto na stavbu kostola a máme mnoho svedectiev členov kostola. Pozdravujem aj všetkých členov Manminu."

Biskup Paul Musafiri,
Váš verný syn v Ježišovi Kristovi

Počas prvého verejného vysielania sa objavil kríž

Keď som založil kostol, Boh nám dal víziu z Izaiáša 60:1: *„Povstaň a svieť, Jeruzaleme! Lebo prišlo tvoje svetlo a sláva Hospodinova vzišla nad tebou!"* Odvtedy začali ohnivé diela Ducha svätého vychádzať do sveta.

Vo Svojom pláne zasvietiť svetlo spasenia na všetky národy sveta nám Boh dal založiť televíziu GCN (Globálna kresťanská sieť). Vysielanie pätoro evanjelií svätosti začalo v New York City v Spojených štátoch. Prostredníctvom GCN uskutočňuje mnoho reportérov po celom svete svoju službu s Bohom danými víziami.

Vysielanie GCN začalo v New York City

V máji 2004 sa zišli kresťanskí reportéri z ôsmich krajín vrátane Spojených štátov, Spojeného kráľovstva, Ruska a Austrálie a založili GCN. Nemali sme nijakých špecialistov na vysielanie,

Nad Empire State Building sa objavil kríž

nijakých technikov a žiadne finančné zdroje.

Boli sme schopní investovať len vieru cez modlitby. Po sérii prípravných zapojení sme nakoniec 1. septembra 2005 na kanáli 17 zahájili naše skúšobné vysielanie v New York City.

Vysielacia miestnosť GCN sa nachádza v Empire State Building, v centre New York City. Na oslave prvého vysielania GCN sa zúčastnilo viac ako 20 reportérov z celého sveta.

Na moment vyšli hore na observatórium Empire State Building, aby si pozreli nočný výhľad na mesto. V tom momente niekto zbadal, že sa odrazu na oblohe objavil veľký kríž, ktorý jasne svietil.

Zúčastnení boli presvedčení, že Boh sa tešil z televízie GCN a ukázal im znamenie. Pán Dan Wooding, ktorý bol toho tiež svedkom, o tom napísal článok a spolu s fotografiou ho uverejnil na svojej web stránke.

GCN vysiela kresťanské programy 24 hodín denne v spolupráci s TV Manmin. Za krátky čas sa rýchlo vyvíja v globálnu vysielaciu stanicu. Zameriava sa na obrodzovanie životov vedením divákov k tomu, aby cez rôzne programy stretli Boha a našli riešenia na svoje problémy.

Prípady uzdravenia cez GCN

Dostávame mnoho listov nie len z Kórey, ale tiež z mnohých ďalších krajín, v ktorých nám diváci píšu, že boli uzdravení zo svojich ochorení a teraz vďaka pozeraniu televízie GCN žijú iné životy. Cez vysielanie sa dejú Božie diela, ktoré prekračujú hranice času a priestoru. Táto práca vedie toľké duše po celom svete na cestu spásy.

Elizabeth Goodallová je diváčka GCN z New Yorku. Povedala, že verí, že Boh používa Rev. Jaerocka Leeho na uzdravovanie chorých, privádza ich cez neho k pokániu a vedie ich do nebeského kráľovstva. Vysielanie GCN TV pozerá v New Yorku. Čas jej svedectva uvádzame tu:

„Volám sa Elizabeth Goodallová. Moje brucho a nohy boli od roku 2005 opuchnuté a mala som tiež hrudku pod jazykom. Položila som si vreckovku, čo ste mi poslali na tvár a brucho. Na ďalšie ráno som zistila, že hrudka pod mojím jazykom zmizla. Pozrela som tiež na svoje brucho a nohy a zistila, že aj opuch zmizol. Ďakujem Bohu za to, čo urobil. Ďakujem aj Vám."

9. novembra 2007,
Elizabeth Goodallová

Máme aj takéto svedectvo z Kanady:

„"„Pozerala som program Dr. Jaerocka Leeho v televízii a chcela som vedieť či má v pláne prísť do Kanady. Žijem v blízkosti Ottawy a bola som na návšteve u svojho manžela, ktorý býva v New Yorku. Tiež som včera večer pozerala GCN a keď sa Dr. Lee modlil za chorých, bola som uzdravená. Viete, som zdravotná sestra a minulý rok som si poranila ramená, keď som pomáhala pacientom. Bolesť sa mi stále vracala, ale po tom, čo som včera večer prijala modlitbu, už ma viac nič nebolí! Môžem teraz zodvihnúť ruky a ohnúť ramená. Sláva Bohu! Dnes ráno som o 4. mala odísť do Kanady, neviem však celkom, prečo som ešte stále tu. Možnože Boh chcel, aby som sa dnes s Vami porozprávala."

29. novembra 2007,
Marie Lenie Saint Lothová

Podpisová ceremónia GCN

Bohoslužba pri príležitosti spustenia GCN

WCDN, Svetová sieť kresťanských lekárov

V snahe medicínsky objasniť prípady božských uzdravení bola vytvorená organizácia, založená v máji 2004 ako Svetová sieť kresťanských lekárov (WCDN). Svoju prvú konferenciu mali v Soule a druhú v Chennai, Indii, v máji 2005. Zúčastnilo sa viac ako 500 zdravotných špecialistov, z ktorých mnohí prezentovali prípady božských uzdravení z lekárskeho hľadiska.

Nasledujúce konferencie sa konali v roku 2006 v Cebu, na Filipínach, v roku 2007 v Miami, USA, a v roku 2008 v Trondheime, Nórsku, so zdravotnými expertmi, ktorí prezentovali svoje prípadové štúdie o božskom uzdravení. Po konferencii v Miami sa o nej objavil v jednom z kórejských denníkov článok.

4. Medzinárodná kresťanská lekárska konferencia sa konala 13. a 14. júla 2007 v hoteli Hyatt v Miami na Floride, USA s témou „Spiritualita a medicína" a pritiahla viac ako 150 lekárov zo 40 krajín. V prvý deň, 13. júla, bola konferencia zahájená

3. Medzinárodná kresťanská lekárska konferencia v Cebu, na Filipínach

pozdravom Dr. Jaerocka Leeho, predsedu komisie WCDN, cez obrazovku. Vo svojej správe Dr. Jaerock Lee povzbudzoval publikum, aby nie len uzdravovali ľudí z ich fyzických chorôb, ale tiež viedli život ako apoštoli Pána, ktorý dáva ľuďom duchovný život.

Dr. Alvin Hwang, prezident WCDN a Dr. Armando Pineda, riaditeľ WCDN v rSpojených štátoch, vo svojich príhovoroch privítali lekárov, pastorov a významných hostí. Potom lekári prezentovali božské uzdravenia s podpornými medicínskymi údajmi, ktoré zahŕňali: malígny melanóm (Dr. Mark Miller),

4. Medzinárodná kresťanská lekárska konferencia v Miami, USA

spina bifida (Dr. Brian Sanghoon Yeo), spontánny pneumotorax (Dr. Gilbert Yoonseok Chae), zápal pľúc (Dr. Junseong Kim) a dva prípady uzdravenia rakoviny prsníka (prezentované Dr. Panchetou Wilsonovou).

Sudcovi Robertovi E. Newsomovi zo Sulphur Springs v severovýchodnom Texase bol v nemocnici pre liečbu rakoviny v Heustone, Texase, diagnostikovaný rakovinový melanóm. Lekári hovoria, že miera úmrtnosti na tento druh rakovinového melanómu je veľmi vysoká, avšak namiesto podstúpenia rádioterapie prenechal sudca Newsom svoj problém Bohu a zvolil si, že rádioterapiu odmietne. Úprimne prosil o Božie uzdravenie a mnohí členovia Južného baptistického kostola, ktorý navštevuje, sa modlili za jeho uzdravenie. Keď ho o dva mesiace neskôr znovu vyšetrili, stal sa zázrak. Jeho rakovina bola úplne vyliečená. Dr. William Mark Miller, ktorý sa o Newsoma staral, hovoril pred publikom o jeho uzdravení s medicínskymi údajmi, ktoré prípad potvrdzovali.

Dr. Chauncey W. Crandall IV, ktorý pracuje na kardiovaskulárnej klinike v Palm Beach, Palm Beach Gardens, Florida, mal svoju dramatickú prezentáciu v piatok, 13. júla. Povedal: „Mali sme u nás 53 ročného muža, ktorý prišiel na pohotovosť s obrovským srdcovým infarktom a v pohotovostnej miestnosti sme ho operovali viac ako štyridsať minút, no nakoniec sme ho vyhlásili za mŕtveho. V tom čase mi Duch Svätý povedal, aby som sa „otočil a modlil za toho muža". Sadol som si vedľa tela toho muža a modlil sa: „Otče, Bože, volám za dušu tohoto muža, že ak Ťa nepozná ako svojho Pána a Spasiteľa, prosím Ťa, vzkries ho z mŕtvych hneď teraz v mene Ježiša." Bolo to úžasné, lebo keď sme sa o pár minút neskôr pozreli na monitor, z ničoho nič sa na ňom ukázal pulz. A potom, po pár ďalších minútach, sa začal hýbať, jeho prsty na rukách aj na nohách sa začali hýbať a on začal mumlať slová." Dr. Crandall tento prípad prezentoval s medicínskymi údajmi.

Dr. John Youl Chun, bývalý dekan Medicínskej fakulty Univerzity Kyunghee, prezentoval svedectvo uzdravenia tajwanskej pastorky Chen Tsen Manovej, ktorá bola uzdravená na piatkovej celonočnej bohoslužbe v Centrálnom kostole Manmin. Od svojich dvoch rokov trpela detskou obrnou a keďže sa pred 14 rokmi stala účastníčkou dopravnej nehody, musela sa podopierať paličkou a kvôli mučivým bolestiam v nohách začala tiež používať invalidný vozík. Keď však navštívila Centrálny kostol Manmin, bola uzdravená cez modlitbu Rev. Jaerocka Leeho a začala chodiť bez paličky a bez vozíka.

V tejto modernej dobe, keď je ťažké veriť v Boha kvôli rozmachu hriechu a rozvoju vedy, WCDN slúži na dôkladné preskúmanie prípadov božských uzdravení z medicínskeho hľadiska, aby dokázala, že Biblia je pravdivá a Boh žije.

Oheň Ducha Svätého v srdci Spojených štátov

Po tom, čo nám Boh dovolil začať vysielanie GCN, viedol nás, aby sme usporiadali výpravu v New Yorku. Madison Square Garden je miesto, kde by pravdepodobne chcela mať predstavenie väčšina interpretov.

V prozreteľnosti prebudiť Spojené štáty a začať našu misiu v Izraeli sme v roku 2006 usporiadali newyorskú výpravu v Madison Square Garden. Pretože sa rozvrh predstavení robí minimálne jeden alebo dva roky dopredu, je nesmierne ťažké získať toto miesto v krátkej lehote.

Najdôležitejším bodom usporiadania výpravy v New Yorku bolo miesto. Bolo ťažké zohnať miesto na výpravu len niekoľko mesiacov pred samotnou udalosťou.

Kým sme sa pokúšali nájsť to najlepšie miesto, nejaká skupina zrušila svoje predstavenie na Madison Square Garden a my sme prešli procesom schválenia a dostali ho. Bola to čisto Božia milosť.

Spojené štáty boli založené na základe viery puritánov. Posielajú tiež najväčší počet misionárov do celého sveta. V dnešnej dobe, keď učia darvinizmus a dokonca legalizujú homosexuálov, sa však zdá, že sa od Boha vzďaľujú.

Tí, čo sa zišli v Madison Square Garden, pozorne 3 dni počúvali posolstvá a zažili ohnivé diela Ducha Svätého. Tí, čo trpeli zlými duchmi, boli oslobodení. Bolo tam tiež veľa ľudí, ktorí sa vyliečili z nevyliečiteľných ochorení a tiež podali svoje svedectvá.

Zázraky uzdravenia v Madison Square Garden

Maria Andrea Morangová bola uzdravená z AIDS. Opakovane ju hospitalizovali kvôli vysokým teplotám, bolesti hlavy a vracaniu. Jej telo bolo paralyzované a nemohla chodiť. Ledva dokázala hýbať rukami.

Mesiac po skončení výpravy sme ju znova navštívili. Dokázala voľne chodiť a žila normálny život.

Iný človek bol uzdravený z rakoviny chrbtice. Mal zlomeniny na šiestich miestach. Povedal, že sa cítil, akoby sa jeho kosti roztápali. Nemohol na dlhšiu dobu sedieť alebo ohnúť telo. Na výprave sa však úplne uzdravil, jeho nervové problémy zmizli a dokázal voľne chodiť.

Jeho lekár povedal, že je nepredstaviteľné, aby chodil, Božia moc ho však úplne uzdravila.

Mikhail sa uzdravil zo svojej schizofrénie, ktorou trpel 12 rokov. Opantali ho zlí duchovia a bol vždy v depresii. Mal antropofóbiu, strach z ľudí a nedokázal vyjsť von. Trápili ho tiež

Newyorská výprava (Madison Square Garden)

bolesti hlavy a nedokázal viesť normálny život. Kvôli ťažkým liekom dobre nehovoril, bez nich však dostával záchvaty.

Na výprave sa úplne uzdravil a radoval sa hovoriac, že teraz môže pokračovať vo svojich štúdiách a žiť nový život.

Tí, čo sa uzdravili, boli prezretí lekármi WCDN. Dr. Vitaliy Fishberg povedal: „Táto výprava zmenila celé smerovanie môjho života. Posolstvá hlásané počas 3 dní boli kľúčom na vyriešenie všetkých druhov problémov. Zúčastnil som sa výprav mnohých slávnych buditeľov, nikdy som však nevidel, že by sa toľko ľudí uzdravilo len jednou modlitbou spoza kazateľnice.

Na konci týchto troch dní som obdržal vyhlásenia a plakety uznania od Senátu a Snemu štátu New York a od Zastupiteľstva mesta New York. Môžem len ďakovať Bohu, ktorý mi dovolil hlásať evanjelium v krajine, ktorá ako prvá hlásala evanjelium nám.

Aj v tejto krajine boli pastori, ktorí sa snažili našu výpravu narušiť. Rozposlali falošné dokumenty do mnohých kostolov, zapojili do toho tlač a pokúsili sa bojkotovať aj výpravu v Madison Square Garden.

V New York City bol pastor určitého kostola, ktorý bol jedným z tých, ktorí proti tejto výprave šli najviac. Kvôli nejakému nepríjemnému incidentu musel neskôr z kostola rezignovať a dozvedeli sme sa, že v tej oblasti už nemohol vykonávať nijakú službu. Bolo mi ľúto, keď som počul takúto správu.

Keď niekto robí niečo proti činnosti Ducha Svätého, zožne, čo zasial na tejto zemi, ale súd, ktorý naňho príde v budúcom živote, je oveľa strašnejší.

Niektoré kórejské misie sa snažili zasiahnuť a narušiť prácu nášho kostola. V mnohých krajinách, kde sme sa pokúšali mať výpravy, aktívne rozširovali falošné informácie a vykonštruované dokumenty.

Pretože však pravda hovorí sama za seba, čím viac sa snažili narušiť naše aktivity, tým viac sa rozšírila správa o výpravách. Nakoniec nám ich snaha priniesla lepšie výsledky. Videli sme, že tí pastori, ktorí s nami spolupracovali na rôznych výpravách po svete, získali veľké požehnania. Ich kostoly zažili obrodenie a mali viac sebadôvery. Ich osobná pozícia a status boli tiež povýšené.

Začiatok misie v Izraeli

Od roku 2000 nám Boh dal hlásať evanjelium na 12 megaveľkých výpravách. Potom ich dočasne zastavil newyorskou výpravou v júli 2006. Ešte aj dnes dostávame veľa žiadostí z krajín po celom svete, aby sme usporiadali výpravu. Je mi veľmi ľúto, že v súčasnosti nemôžem odpovedať na žiadnu z týchto žiadostí. Je to preto, že musím vykonávať misiu v Izraeli.

„A toto evanjelium kráľovstva bude hlásané po celom svete na svedoctvo všetkým národom, a vtedy príjde koniec. Keď tedy uvidíte ohavnosť spustošenia, o ktorej hovoril prorok Daniel, že stojí na svätom mieste (Kto čítaš, rozumej!), vtedy tí, ktorí budú v Judsku, nech utekajú na vrchy;" (Matúš 24:14-16).

Tesne po tom, čo som založil kostol, mi dal Boh vedieť, že keď sa čas priblíži k druhému príchodu Pána, bude postavená Veľká

Dr. Mikhail Morgulis (prezident Nadácie duchovnej diplomacie) sa rozpráva s rabínom pri Múre nárekov

svätyňa a budú sa konať misie v Severnej Kórei a Izraeli. Dal mi tiež vedieť, že sa Severná Kórea na nejaký čas otvorí. Dnes cítim, že ten deň je veľmi blízko.

V júli 2007 sme začali našu misiu v Izraeli. Aby sme mohli hlásať evanjelium Židom, potrebujeme Božiu moc. Evanjelium v skutočnosti pochádza z Izraela, oni sami ho však stratili. Boh sľúbil Abrahámovi, Dávidovi a iným Božím mužom, že Svoj ľud, Izrael, neopustí.

Boží sľub sa musí naplniť, ale kto by kázal evanjelium v Izraeli? Ježiš, keď hlásal evanjelium, vykonával mocné diela, ktoré človeku boli nemožné vykonať, no oni aj tak neverili. Človek môže hlásať evanjelium, ale bez zjavenia Božej moci je pre nich ťažké prijať ho.

Boh ku mne prehovoril takto: „ *Vzbuď ich mocou. Hlásaj evanjelium v mene Ježiša Krista a keď slepí začnú vidieť, hluchí počuť a nemí hovoriť, tí, čo sú dobrého srdca uveria a príjmu tvoje slovo. Nie však všetci.* "

Hovorí, že tí Židia, čo stále očakávajú príchod svojho Mesiáša, tí, čo úprimne hľadajú Boha a tí, ktorých Boh pripravil, sú tými, čo otvoria svoje srdce a budú sa kajať, keď uvidia zjavenie Božej moci.

Biblia nám hovorí o Pánovom príchode vo vzduchu, že budeme vychvátení do povetria (1. Tesaloničanom 4:16-17). Budeme vychvátení do povetria, do oblakov a prijmeme Pána. Povetrie tu nepredstavuje oblohu ako ju vidíme našimi fyzickými očami, ale duchovný svet. Boh rozdelil duchovnú ríšu do niekoľkých priestorov.

Spomedzi nich je druhé nebo rozdelené na časť svetla, kde sa nachádza záhrada Eden a časť temnoty, kde prebývajú zlí duchovia. A v jednom rohu Edenu je pripravené miesto na sedemročnú svadobnú hostinu. Keď nás na konci obdobia ľudskej kultivácie Pán zavolá, budeme v momente vychvátení.

Tak, ako keď veľký magnet pritiahne kovové časti, tí, čo sú veriacimi – pšenicou, sa premenia na duchovné telá a v momente v povetrí príjmu Pána. Kým sa budú radovať na sedemročnej svadobnej hostine, na tejto zemi bude prebiehať sedemročné veľké súženie.

Súženie po vychvátení

Izraelský ľud je Boží vyvolený ľud a až do konca časov je to stále v Jeho prozreteľnosti. V Biblii čítame, že kedykoľvek bol svet plný hriechov, prišiel trest. Oheň na Sodomu a Gomoru a potopa v čase Noeho.

Podobne, keď už svet bude natoľko plný hriechov, že už v ňom nebude odpustenia, príde konečný súd. Dobrí veriaci budú vychvátení do povetria a táto zem bude zachvátená sedemročným veľkým súžením sprevádzaným vojnami a prírodnými pohromami. Je to začiatok 3. svetovej vojny a „koniec", o ktorom hovorí Biblia.

Keď sa učeníci pýtali Ježiša na Pánov príchod a znamenia konca času, povedal: *„A budete slýchať o vojnách a chýry o vojnách. Hľaďte, aby ste sa nestrachovali, lebo to všetko sa musí stať, ale ešte nie je koniec"* (Matúš 24:6).

„Vojny" sa v tomto prípade netýkajú určitého miesta. Je to čosi, čo postihuje celý svet. „Vojny" a „chýry o vojnách" predstavujú 1. a 2. svetovú vojnu. Toto však nie je koniec, pretože bude aj Tretia svetová vojna.

V Zjavení, kapitole 6, sa píše o sedemročnom veľkom súžení, ktoré príde po tom, čo budeme vychvátení do povetria, keď sa vráti Pán. Počas tohto sedemročného veľkého súženia na tejto zemi vypukne 3. svetová vojna.

> *„A videl som a hľa, biely kôň, a ten, ktorý sedel na ňom, mal lučište, a dala sa mu koruna, a vyšiel víťaziac, aj aby zvíťazil."* (Zjavenie sv. Jána 6:2)

„Biely kôň" tu predstavuje Izraelitov a „ten, ktorý sedel na ňom" vodcov, ktorí majú kontrolu nad ich osudom. Pojem „kôň" tu symbolizuje právomoc, vznešenosť a tiež vojnový stav. Izraelský národ má pocit „vyvoleného Božieho národa".

Tento pocit sa stáva ich aroganciou a tvrdohlavosťou, a neustále vedú vojny so svojimi susednými krajinami. Preto je na Blízkom východe toľko napätia. Od znovuzaloženia Izraelu s nimi bojovali mnohé arabské krajiny, ale ako bolo povedané „vyšiel víťaziac, aj aby zvíťazil", vždy vyhrali.

Nevyhrali však úplne. Znamená to, že bitka stále pokračuje; bude Tretia svetová vojna. Tak ako Prvá a Druhá svetová vojna, aj Tretia svetová vojna bude veľmi úzko spojená s Izraelom.

3. svetová vojna

„A keď otvoril druhú pečať, počul som druhú živú bytosť, ktorá vravela: Poď a vidz! A vyšiel iný kôň, červený, a tomu, ktorý sedel na ňom, dalo sa, aby vzal pokoj zo zeme, aby sa ľudia navzájom zabíjali, a dal sa mu veľký meč." (Zjav. sv. Jána 6:3-4).

„Červený kôň" tu predstavuje Rusko a naznačuje veľké krviprelievanie. Od pádu Sovietskeho Zväzu v roku 1991 sa zdá, že stratilo svoju moc, avšak Rusko opäť prichádza ako jedna z najsilnejších krajín sveta. V budúcnosti sa Rusko spojí s Čínou a stane sa jednou z hlavných mocností.

Ako Rusko bude silnieť, bude získavať väčší vplyv na svoje susedné krajiny, a to sa stane zdrojom konfliktov. Počas sedemročného veľkého súženia z týchto konfliktov vypuknú vojny medzi rasami. Tieto vojny nebudú mať jednoduchý koniec, ale budú rásť, a preto je napísané „a dal sa mu veľký meč".

Rusko bude viesť vojny so svojimi susednými krajinami a medzi rasami, a zapojí sa tiež do vojny Blízkeho východu s Izraelom. Potom, ako predpovedá Ezechiel, kapitola 38, sa boje vyvinú do Tretej svetovej vojny.

Význam „oleja a vína"

Zjavenie 6:6 hovorí: *„oleju a vínu neškoď!"* „Olej" predstavuje Izraelitov a „víno" tých, ktorí uverili v Pána, ale nežili poriadny kresťanský život, a preto zostali na tejto zemi počas sedemročného veľkého súženia.

„Olej" sú tí medzi izraelským národom, ktorí môžu neskôr získať spásu. Znamená to, že budú Židia, ktorí po druhom príchode Pána pochopia chod vecí, uvedomia si, že Ježiš je pravý Mesiáš a oľutujú.

„Víno" symbolizuje tie duše, ktoré padajú na zem ako šťava z hrozna, ktorá vyteká, keď ho odtrhnete. Chodili do kostola a boli veriacimi, mali však mŕtvu vieru bez skutkov. Tí, o ktorých nie je potvrdené, že majú pravú veru, nemôžu byť vychvátení, keď sa Pán vráti.

A keď zostanú na zemi, akí len budú šokovaní! Niektorí z nich sa pokúsia prijať „paberkové spasenie" cez mučeníctvo, neprijmúc znamenie šelmy 666.

Boh ich bude podporovať až do zlomenia tretej pečate (Zjavenie 6:5), a keď príde čas, dá im šancu prijať spasenie cez mučeníctvo. Preto je napísané: „Oleju a vínu neškoď kým nepríde čas." Neznamená to však že cez súženie budú spasení všetci. Znamená to, že bolesť a utrpenie budú zmiernené, kým nepríde kruté prenasledovanie a mučeníctvo v plnom rozsahu.

„Plavý kôň": Európska Únia

Zjavenie 6:8 píše o Európskej Únii, ktorá bude hrať v Tretej svetovej vojne hlavnú úlohu.

> „A videl som a hľa, plavý kôň, a tomu, ktorý sedel na ňom, bolo meno smrť, a peklo išlo spolu za ním. A bola im daná moc nad štvrtinou zeme, zabíjať mečom, hladom a smrťou, a aby hynuli ľudia od zemskej zveri. "

„Plavý kôň" tu predstavuje veci, ktoré sa udejú cez Európsku Úniu. „A tomu, ktorý sedel na ňom, bolo meno smrť, a peklo išlo spolu za ním." Tu sa hovorí o Antikristovi, tom, ktorý riadi temnotu. V blízkej budúcnosti bude mať svet tri veľmoci. Spojené štáty, ako najsilnejší národ, viedli vojny hľadajúc v svetovom spoločenstve prospech svojej krajiny.

Aby držali Spojené štáty v šachu, sformujú sa iné mocnosti: Čína a EÚ. Prvou mocnosťou sú Spojené štáty. Dlhú dobu si budú užívať postavenie najsilnejšieho národa, postupne však budú svoju moc strácať.

Druhou mocnosťou sú bývalé komunistické štáty koncentrované okolo Ruska a Číny a treťou mocnosťou je EÚ. Krajiny Blízkeho východu sa tiež budú snažiť využiť ropu ako zbraň a prevziať kontrolu, sú však slabší ako zvyšné tri.

Po tom, čo budú veriaci vychvátení do povetria, svet upadne do extrémneho chaosu. Aj keď nebudú veriaci, budú vedieť, že znovu prišiel Pán Ježiš. Budú sa báť mysliac si: „Bola to pravda, čo máme teraz robiť?" Prídu tiež prírodné pohromy, ochorenia a extrémna inflácia, keďže svet upadne do chaosu.

Medzitým sa každá z hlavných mocností pokúsi získať kontrolu, a predovšetkým EÚ, ktorá vzrastie v najsilnejšiu mocnosť, bude kontrolovaná Antikristom.

Ako bude zmätok narastať, ľudia budú chcieť silnejšie vedenie, ktoré nastolí poriadok v ich spoločnostiach. Týmto spôsobom bude pre EÚ jednoduché získať viac moci. Na začiatku sedemročného súženia zväčšia svoju vojenskú silu. Táto sila bude založená na ich dômyselnom systéme a ich bohatstve.

Týmto spôsobom zjednotia nie len európske krajiny, ale aj všetky časti sveta budú združené do a pod ich systémom.

Navonok budú hovoriť: „Ak budete nasledovať náš systém, budete mať stabilitu a tešiť sa zo spoločného úžitku." Ale ak niektorá krajina nebude počúvať ich prefíkané slová, zaútočia na ňu a zničia ju. Budú držať zásoby jedla a nevyhnutných potrieb pod svojou perfektnou kontrolou.

Počítač, divá zemská zver

Čo znamená „Bola im daná moc nad štvrtinou zeme, zabíjať mečom, hladom a smrťou, a aby hynuli ľudia od zemskej zveri"?

„Meč" znamená vojenskú moc a „hlad" znamená, že bude hlad a veľká inflácia, ale EÚ túto šancu využije a nahromadí si veľké bohatstvo.

„Smrťou, a aby hynuli ľudia od zemskej zveri" znamená, že uvalia obmedzenia na tých, čo sa nezapoja do ich systému a budú ich prenasledovať až na smrť. „Divá zemská zver" predstavuje počítače. EÚ vybaví svoj systém superpočítačmi, ktoré budú obsahovať údaje o každom človeku na zemi. Budú ich riadiť a kontrolovať cez počítače.

Aby mohli každého kontrolovať, nanútia ľuďom, aby prijali znamenie šelmy na pravej ruke alebo čele, čo bude čiarový kód. Znamenie šelmy je prostriedok na kontrolovanie všetkých ľudí, keď moc Antikrista prevezme kontrolu. Osobné informácie každého človeka budú uložené na čiarový kód a zapečatené na ruke alebo čele človeka, aby tak mohli kontrolovať každého jedinca. Budú schopní sledovať kam idú a čo robia.

Na začiatku to budú len odporúčať, v strednej časti sedemročného veľkého súženia však prinútia každého, aby prijal znamenie. Tí, čo odmietnu, budú označení ako „nebezpečné živly pre stabilitu spoločnosti". Od tohto času sa z ľudí, ktorí nepríjmu znamenie, začnú stávať mučeníci.

Prijať znamenie šelmy počas súženia znamená spolupracovať s mocnosťou Antikrista a uctievať ich modly. Je to to isté, ako zaprieť Pána.

Tí, čo si chcú vieru udržať, sa pokúsia znamenie neprijať, Antikrist im to však nedovolí. Vystopujú každého jedného, budú ich mučiť rôznymi spôsobmi a vyhrážať sa im, aby ich prinútili znamenie prijať. Len keď prekonajú takéto kruté a bezcitné mučenie a stanú sa mučeníkmi, získajú „paberkové spasenie".

Po žatve farmár pozbiera všetky zrná, ktoré mohli spadnúť na zem. Rovnako Boh dáva ľuďom druhú šancu, napriek tomu, že kultivácia ľudí sa už skončila. Tentokrát však nebude ľahké preukázať, že majú vieru.

Budú musieť prekonať strašné mučenie, hlad a hrozby. Aby im bola uznaná ich viera po tom, čo sa proroctvá v Biblii už naplnili, budú musieť svoju vieru dokázať niečím väčším.

Diabol bude pohýnať Antikrista, aby ešte aspoň jedného človeka zobral do pekla. Preto veriacim pripravia také druhy mučenia, ktoré človek nedokáže zniesť, aby zapreli Pána. Keď veriaci nezaprie Pána, privedú členov jeho rodiny alebo malé deti a budú ich mučiť pred jeho očami.

Ak to veriaci vzdá, musí prijať znamenie. Vie, že ak zaprie Ježiša, bude naveky trpieť v pekelnom ohni, tá bolesť bude však prílišná na to, aby ju prekonal.

V tomto období už bude Duch Svätý vychvátený. A nebude ľahké prekonať všetky bolesti a utrpenie až do smrti, len vlastnou silou vôle. Žijeme v čase, keď je Pánov druhý príchod tak veľmi blízko a my by sme mali byť schopní rozlíšiť, aký druh viery by sme mali mať a vyzdobiť sa ako nevesty Pánove.

Veľká svätyňa, symbol víťazstva v kultivácii ľudí

Hneď po otvorení kostola mi dal Pán víziu svetovej misie a stavby Veľkej svätyne. V júli 1984 som sa spoločne s členmi kostola modlil a postil za novú svätyňu a On nám do detailu zjavil našu povinnosť na konci času a stavbu Veľkej svätyne.

„Môj drahý služobník, pred tým, než prídem, dám ti cez ruky všetkých národov na zemi postaviť Veľkú svätyňu. Keď povieš, že staviaš svätyňu, tí, čo nerozumejú Božiemu srdcu a nemajú vieru povedia: ‚Prečo míňať toľké peniaze na stavbu budovy, a nie na misijnú prácu?‘

Bude postavená z tých najkrajších a najlepších vecí, ktoré nájdeš medzi ľudstvom. Nepostavíš ju svojou vlastnou silou. Budeš známy po celom svete a aj králi národov budú stáť pred tebou.

Tí, čo sú zruční, ponúknu svoju zručnosť, tí, čo sú múdri, svoju múdrosť a tí, čo majú milodary, svoje milodary. Nebudeš mať nijaký nedostatok, len hojnosť. Ľudia stavajú prekrásne budovy pre ľudí a pre diabla, zatiaľ však nepostavili nič pre Boha."

Keď sa kostol snaží postaviť veľkú a skvostnú svätyňu, niektorí hovoria: „Nebolo by lepšie utratiť tie peniaze na misijnú a charitatívnu prácu? Prečo utratiť toľko peňazí na budovu?

Na tomto svete je mnoho budov postavených pre zábavu a potešenie ľudí, na postavenie ktorých sa utratilo toľko peňazí. Ale odkedy Šalamún postavil Boží chrám, nebolo viac budovy, ktorá by bola ako skutočný Boží chrám.

Keď Šalamún postavil Boží chrám, Boh mu do detailu oznámil veľkosť, usporiadanie a dokonca predmety, ktoré mali byť v chráme použité. Šalamún priviezol dobré drevo, zlato, striebro a iné cenné materiály zo susedných krajín. Budovu a dokonca aj malé časti pokovovali zlatom, aby boli čo najveľkolepejšie a najnádhernejšie.

Tvar koruny

Keď Mojžiš staval archu zmluvy, Boh mu dal vízie a zjavenia. Aj nám Boh do detailu zjavil Veľkú svätyňu. Vo všeobecnosti má tvar kruhu, čo znamená, že vesmír je nekonečný.

Aby sa odhalila sláva a vznešenosť Boha, bude Veľká svätyňa tou najlepšou a najdokonalejšou svätyňou v ľudskej histórii. Výška bude 70 metrov od základov až po vežu v tvare kríža, v priemere bude mať 600 metrov. Len jeden ornament bude zjavovať krásu a moc Boha. Bude tiež obsahovať slávu mesta nového Jeruzalema a zobrazovať diela Božieho stvorenia.

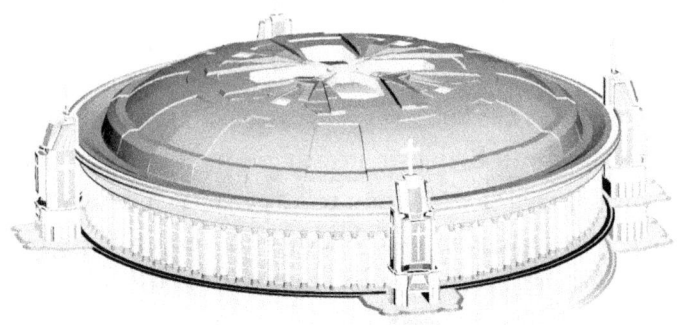

Po vonkajšej strane svätyne bude dvanásť mramorových stĺpov, ktoré symbolizujú dvanásť základných kameňov nového Jeruzalema. Každý stĺp bude ozdobený kvetinovým vyrezávaním. V strede každého kvetu bude jeden z drahokamov dvanástich základných kameňov.

Medzi každým stĺpom bude umiestnená veľká brána, podobná perlovej bráne nového Jeruzalema. Každá brána bude mať dve veľké sochy anjelov. Medzi dvanástimi veľkými stĺpmi bude tiež sedem menších stĺpov a každý stĺp bude mať vyrezávania znázorňujúce stvoriteľské dielo každého dňa.

Napríklad prvý stĺp bude ozdobený tak, že v jasnom svetle bude vydávať farby dúhy, znázorňujúc stvorenie svetla. Na šiestom stĺpe budú vyrezané kravy, ovce alebo iné zvieratá a tiež tvary Adama a Evy.

Kazateľnica Veľkej svätyne sa bude otáčať dookola. Jej strecha sa bude dať otvoriť a zatvoriť v tvare kríža. Stoličky vo svätyni budú mať samostatné video monitory a všade budú zariadenia a vybavenie najnovšej technológie.

Z vtáčej perspektívy vyzerá Veľká svätyňa ako koruna. Tak, ako víťaz získa vavrínový veniec, aj ona symbolizuje, že ľudská kultivácia sa skončí víťazstvom Boha.

Boh chce postaviť Veľkú svätyňu cez Svoje deti, ktoré si vypestovali svätosť srdca, ktorá je svätým chrámom vo vnútri srdca. Dal nám päť evanjelií svätosti a viedol nás k zbaveniu sa všetkých foriem zla a očisteniu našich sŕdc v tomto svete, ktorý je plný hriechov.

Pretože sa náš kostol pokúša vyhnať hriech a stať sa posväteným až do bodu ronenia krvi, mnoho členov kostola rastie v duchu a pri špeciálnej milosti Pána do celosti ducha. Boží plán je taký, že tí, ktorí sa takto pripravia ako nevesty Pánove, príjmu prichádzajúceho Pána vo Veľkej svätyni.

Boh nám zjavoval kruhové dúhy ako znamenie, že je s nami, a že postavíme Veľkú svätyňu. Vídavame ich často nad kostolom alebo misijnými miestami Manminu po celom svete.

Boh mi už kvôli stavbe Veľkej svätyne dovolil niekoľkokrát navštíviť Dubaj a iné krajiny Blízkeho východu. Dovolil mi nadviazať priateľstvo s niektorými najväčšími tamojšími obchodníkmi. Okrem toho sa viac ako 8 000 kostolov po celom svete podieľa na manminskom učení a službe, ako ovocie svetovej misie, ktorú sme doteraz robili.

Kým nebudeme hlásať evanjelium až na konci zeme, nepostavíme Veľkú svätyňu, zahŕňajúcu hlbokú Božiu prozreteľnosť a neprijmeme Pána Ježiša, ktorý znovu príde, moje modlitby a služba budú pokračovať bez prestania.

Epilóg

Ako strom, ktorý vzhliada k nebu,

rozširujúc svoje korene hlboko do zeme,

nie len pri jasnom slnku,

ale tiež v búrkach, vetroch a chladnej rose.

Prejdúc poslednými dvadsiatimišiestimi rokmi,

čo som si kľakal k modlitbe tvárou k nebu,

ma viedla láska Božia

do hlbšieho duchovného sveta.

On otvoril bránu

duchovnej ríše novej dimenzie.

Prozreteľnosť posledného času pokračuje.

Mohol som kráčať

vďaka pravdivej láske Boha,

ktorý je vždy tu,

a ktorého tieň sa nemení.

Aj keď sa našli ľudia,

ktorí neporozumeli Božím dielam,

alebo ich závideli,

a ktorí rozširovali faloš,

ja sa len modlím k samotnému Bohu,

lebo pravda v dejinách vždy vyšla na povrch.

Sklamal som malú časť vecí vo svojom srdci,

o ktorej som predtým nedokázal hovoriť.

Vyznávam, že celý obsah tejto knihy

je pravda samotná,

za ktorú sa vôbec nehanbím.

Osobná minulosť a história kostola

04/1943	Narodený ako posledné dieťa z troch synov a troch dcér svojmu otcovi, Chabeomovi Leemu, a matke, Gamjang Choovej (Shinkil Ri, Heje Myeon, Muan Gun, provincia Čollanam)
02/1956	Ukončenie Základnej školy Boonhyang, provincia Čollanam
02/1959	Ukončenie Základnej školy Songjung, provincia Čollanam
02/1962	Ukončenie Strednej priemyselnej školy Dan-guk, Soul
09/1964	Vystúpenie zo Školy strojárstva Hanyangskej univerzity
04/1967	Ukončenie vojenskej služby
01/1968	Sobáš s manželkou Boknim Leeovou. Ochorenie kvôli nadmernému pitiu pri oslave nového domu.
11/1970	Narodenie prvej dcéry Miyoung Leeovej. Ukončenie práce pre noviny kvôli strate sluchu.
10/1972	Narodenie druhej dcéry Mikyung Leeovej
04/1974	Zažitie živého Boha pri oltári Shinae Hyunovej a prijatie Pána
11/1974	Účasť na obrodzovacom stretnutí v kostole Sungdong v Oksu Dong a začiatok ozajstného kresťanského života
08/1975	Narodenie tretej a poslednej dcéry Soojin Leeovej
03/1979	Prijatie do Teologického seminára svätosti
07/1982	Otvorenie Kostola Manmin
02/1983	Úspešné ukončenie štúdia v Teologickom seminári svätosti
05/1986	Vysvätenie za pastora
06/1987	Jeho svedectvo bolo zdramatizované a vysielané jeden mesiac Kresťanskou vysielacou stanicou (CBS)

1990	Jeho kázne boli pravidelne vysielané na FEBC, Ázijskou vysielacou stanicou a Washingtonským kresťanským rádiom
05/1990	Kazateľ na Výprave Ducha Svätého poriadanej misijnou oblasťou Yeongnam
03/1991	Kazateľ na Evanjelizačnej výprave milosti v Tägu
07/1991	Založenie Zjednotenej kórejskej cirkvi svätosti Ježiša
03/1992	Bohoslužba pri príležitosti založenia orchestra Nissi s kazateľom Rev. Hyeonom Kyoonom Shinom. Konferencia o „dimenziách" pre všetkých členov kostola s názvom: „Počujte, viďte a rozumejte srdcom". Uverejnenie článkov v denníku *The Hankook Ilbo* (v Kórei a Spojených štátoch).
05/1992	Účasť na Národných modlitebných raňajkách
08/1992	Spolupredseda Svetovej evanjelizačnej výpravy Ducha Svätého '92
02/1993	Centrálny kostol Manmin bol časopisom „ *Christian World* " (USA) vyhlásený za jeden z top 50 kostolov sveta
05/1993	1. Dvojtýždňové špeciálne obrodzovacie stretnutie s Rev. Jaerockom Leeom
08/1993	Kazateľ na Evanjelizačnej výprave vo Washingtone
09/1993	Kazateľ na Evanjelizačnej výprave v L.A. Čestný predseda 20. oslavy Dňa Kórey v Koreatown, L.A. Požehnanie mestskej rade L.A. Udelenie čestného občianstva od okresu L.A.
10/1993	Uverejňovanie kázní v novinách *The Christian Newspaper*
02/1994	Adresovanie podpory 6. divízii Kórejskej armády,

inauguračná bohoslužba kostola Siloam

05/1994   Kazateľ na washingtonskej a baltimorskej spojenej výprave
Inaugurácia za predsedu Washingtonského kresťanského
rádia

06/1994   Kazateľ na Konferencii cirkevných vodcov Tanzánie a na
bohoslužbe v kostole Svätodušnej cirkvi

07/1994   Požehnanie pre Evanjelizačnú výpravu Ducha Svätého '94
v Soule
Vymenovanie za viceprezidenta Medzinárodnej misijnej
organizácie pre dodávanie Biblií

09/1994   Spustenie modlitby za chorých cez automatický hlasový
systém

11/1994   Kazateľ na Spojenej výprave v Ide, Japonsku

12/1994   Špeciálna prednáška v Buditeľskom školiacom centre,
pridruženom zariadení Hnutia za národnú evanjelizáciu

12/1994   Špeciálny program „Obnov nás" na počesť 40. výročia
CBS, nahrávaný v Centrálnom kostole Manmin

02/1995   Hostenie 149. Konferencie všetkých kórejských pastorov,
poriadanej Modlitebnou skupinou kórejských pastorov

03/1995   Hostenie Spojenej výpravy oblasti Soulu poriadanej
Národným evanjelizačným hnutím
Vysielanie kázní každý týždeň na CBS

04/1995   Kazateľ na Svetovej misijnej konferencii '95 L.A.
poriadanej Výborom pre svetovú evanjelizáciu

05/1995   Vysielanie kázní na CBS Chooncheon

07/1995   Ako stály prezident Hnutia za národné znovuzjednotenie
a evanjelizáciu predniesol na „Výprave špeciálnej modlitby

za národ" špeciálnu modlitbu

08/1995   Ako výkonný člen Mierového jubilejného zjazdu za znovuzjednotenie poriadaného pri príležitosti osláv 50. výročia Kórejského dňa nezávislosti navštívil prezidentské sídlo Cheong Wa Dae

Ako administratívny predseda Mierového jubilejného zjazdu za znovuzjednotenie poriadaného pri príležitosti osláv 50. výročia Kórejského dňa nezávislosti oznámil správu o činnosti

Vysielanie kázní Rádiom Kórea mesta New York, USA

09/1995   Ako čestný predseda sa zúčastnil 22. oslavy Dňa Kórey v Koreatown, L.A.

10/1995   Vysielanie kázní tädžonskou FEBC

Založenie Manminského misijného centra v Afrike

Centrálny kostol Manmin sa zúčastnil Hnutia za darcovstvo krvi poriadaného „Hnutím praktizovania lásky"

11/1995   Buditeľská výprava Micpa za praktizovanie kajúcnosti a lásky

V americkom kresťanskom týždenníku „The Christian Herald" sa objavujú pravidelné články

12/1995   Program FEBC „Náš dobrý kostol" nahrávaný v Centrálnom kostole Manmin

02/1996   Kazateľ na Spojenej výprave havajsko-kórejských cirkví '96 a Konferencii pastorov

03/1996   Vymenovaný za spolupredsedu Výboru pre evanjelizáciu súdnych žalobcov

04/1996	Vysielanie kázní na CBS Tägu
	Vymenovaný za viceprezidenta Misijnej skupiny Svetového pohára pre rok 2002
06/1996	Otvorenie Manminského centra blahobytu
07/1996	Argentínsko-kórejská výprava milosti a Konferencia miestnych pastorov
	14. Konferencia pastorov
	Vybraný denníkom *The Joong-ang Daily* ako jeden z „ľudí, čo hýbu Kóreou"
08/1996	Inaugurácia svätyne Guro Dong
	Kázne vysielané kresťanskou stanicou vo Vancouveri, Kanade
	Účasť na Kórejsko-japonskej spojenej modlitebnej výprave, poriadanej Misijnou skupinou Svetového pohára pre rok 2002
09/1996	Spojená výprava v Shinshu, Japonsku
11/1996	2. Chválový koncert pre deti, ktoré sa stali hlavami rodiny, poriadaný Centrom hnutia za národnú evanjelizáciu
12/1996	Začiatok simultánnych bohoslužieb pre všetky filiálne kostoly v Kórei
	Kázne vysielané kresťanskou stanicou každý týždeň vo Filadelfii, USA
03/1997	Kázne vysielané kórejskou vysielacou stanicou v New Yorku
	Kázne vysielané kórejskou kresťanskou stanicou každý týždeň v Aucklande, na Novom Zélande
07/1997	Vymenovaný za stáleho prezidenta Spojenej výpravy za

evanjelizáciu národa '98

08/1997 Rev. Dan Marino, riaditeľ Kresťanskej akadémie Parkway USA navštívil kostol kvôli buditeľskej prípadovej štúdii

09/1997 Veľká evanjelizačná výprava a Konferencia pastorov poriadaná Washingtonskou kresťanskou rádiovou stanicou Kazateľ na Spojenej kórejsko-americkej výprave poriadanej Združením marylandských kórejských cirkví.

10/1997 2. Konferencia argentínskych pastorov poriadaná Argentínskou misiou lásky

01/1998 Svedecká výprava pri príležitosti Novoročného špeciálneho programu „Obnov nás" stanice CBS

02/1998 Špeciálne obrodzovacie stretnutie pre chorých Kazateľ na „Výprave Ducha Svätého za záchranu národa" poriadanej Misijnou organizáciou pre obnovenie svetového kresťanstva

Vymenovaný za výkonného predsedu Spojenej výpravy za evanjelizáciu národa

03/1998 Vymenovaný za administratívneho predsedu Výboru pre evanjelizáciu súdnych žalobcov

Kazateľ na Kórejskej prípravnej výprave pre Tokijskú medzinárodnú misijnú výpravu

05/1998 Udelenie plakety uznania od Misie Hosanna za jeho prínos v rozvoji tejto misijnej organizácie a národnej evanjelizácii

Reprezentatívna modlitba za „Kampaň za školy bez násilia" poriadaná Výborom pre evanjelizáciu súdnych žalobcov

06/1998	6. Charitatívny koncert za evanjelizáciu väzení poriadaný Misiou Onesimus
	„Modlitebná výprava za záchranu krajiny" poriadaná Výborom pre svetovú evanjelizáciu
10/1998	Inauguračná bohoslužba Misijnej organizácie kórejských právnikov a Modlitebné stretnutie za národ
12/1998	Charitatívny koncert pre postihnutých poriadaný„ Organizáciou praktickej lásky k národu"
	Vízia CBS Hnutia dvadsiatehoprvého storočia oslavuje 44. výročie CBS
04/1999	Chválový koncert pre domácnosti, kde sa deti stali hlavami rodiny, v koncertnej hale MBC v Masane
	Podujatie „Školy bez násilia" organizované Úradom prokurátora okresu Soul
07/1999	Vymenovaný za stáleho prezidenta Misijnej organizácie pre obnovenie svetového kresťanstva
02/2000	Kázne vysielané Medzinárodným gospelovým rádiom (AM 1503) vo Vladivostoku
06/2000	Kázne v angličtine vysielané Rádiom Mabuhai (AM 1350) v Manile, vo Filipínach
07/2000	Kazateľ na „Spojenej výprave a Konferencii pastorov v Ugande r. 2000"
	Zjavenie mocných diel v CNN vysielaní z Ugandy
09/2000	Kazateľ na „Spojenej výprave v Nagoji, Japonsku"
10/2000	Kazateľ na „Spojenej výprave a Konferencii pastorov v Pakistane"
	S. K. Tressler, minister kultúry, športu, mládeže a turizmu

sa zúčastnil piatkovej celonočnej bohoslužby Centrálneho kostola Manmin

01/2001 Založenie TV Manmin

06/2001 Diela Božej moci vysielané na RPN TV vo Filipínach

Kazateľ na „Spojenej výprave a Konferencii pastorov v Keni"

09/2001 Kazateľ na „Spojenej výprave a Konferencii pastorov vo Filipínach"

07/2002 Kazateľ na „Spojenej výprave a Konferencii pastorov v Hondurase"

10/2002 Kazateľ na „Konferencii pastorov a Festivale zázračných uzdravení v Indii"

02/2003 Udelenie plakety uznania od Losangelského cirkevného spoločenstva a Ekumenického spoločenstva Južnej Kalifornie za rozvoj spolupráce medzi kórejskými a americkými cirkvami a za oddanú evanjelickú činnosť

11/2003 Kazateľ na „Konferencii pastorov a Festivale zázračných uzdravení v Rusku"

05/2004 Kazateľ na 12. Dvojtýždňovom špeciálnom obrodzovacom stretnutí

10/2004 Kazateľ na „Festivale zázračných uzdravení v Nemecku"

12/2004 Kazateľ na „Uzdravovacej výprave v Peru"

Pozvanie na stretnutie s peruánskym prezidentom Toledom v prezidentskom paláci

05/2005 Dr. David Waisman, viceprezident Peru a pán Maximo San Roman, bývalý viceprezident Peru, navštívili Centrálny kostol Manmin

09/2005	GCN (Globálna kresťanská sieť) začala svoje vysielanie
10/2005	23. výročie kostola a inauguračná oslava GCN
02/2006	Kazateľ na „Festivale zázračných uzdravení v DR Kongo" Stretnutie s prezidentom Josephom Kabilom
05/2006	Dr. Mikhail Morgulis, výkonný predseda pre Výpravu Slovanov New Yorku a administratívny správca pastor Mark Bazalev navštívili Centrálny kostol Manmin
06/2006	3. Medzinárodná kresťanská lekárska konferencia WCDN (Svetová sieť kresťanských lekárov) vo Filipínach
07/2006	Kazateľ na „Newyorskej výprave r. 2006" Živé vysielanie a reprízy vysielané do viac ako 200 krajín Udelenie vyhlásení a plakiet uznania od Senátu a Snemu štátu New York a od Zastupiteľstva mesta New York
02/2007	Účasť na 64. Zjazde a expozícii NRB
04/2007	Konferencie pastorov MIS (Manminský medzinárodný seminár) v Latinskej Amerike
07/2007	4. Medzinárodná kresťanská lekárska konferencia v Miami, USA
09/2007	FDA (Správa pre potraviny a liečivá), USA, potvrdila bezpečnosť a vynikajúce kvality Muanskej sladkej vody
10/2007	25. výročie kostola a 2. výročie GCN
11/2007	Kresťanská konferencia lekárov v juhovýchodnej Ázii, poriadaná WCDN v Jakarte, Indonézii
03/2008	Účasť na 65. Zjazde a expozícii NRB a 9. Zjazde a exhibícii FICAP
04/2008	Urim Books sa zúčastnilo 14. Medzinárodného knižného festivalu v Soule

05/2008	5. Medzinárodná kresťanská lekárska konferencia WCDN v Trondheime, Nórsku
10/2008	26. výročie kostola a 3. výročie GCN
11/2008	Seminár pre pastorov a Vreckovková uzdravovacia výprava v Chennai, Indii, vedené pastorkou Mikyung Leeovou
01/2009	4. výročie Misie pre utečencov zo Severnej Kórey
02/2009	Účasť na 66. Zjazde a expozícii NRB Seminár pre pastorov a Vreckovková uzdravovacia výprava vo Filipínach, vedené pastorkou Mikyung Leeovou
03/2009	Účasť na 10. Zjazde a exhibícii FICAP
04/2009	Seminár pre pastorov a Vreckovková uzdravovacia výprava v Pakistane, vedené pastorom Taesikom Gilom
06/2009	Seminár pre pastorov a Vreckovková uzdravovacia výprava vo Vietname, vedené pastorom Rainbowom Leeom
07/2009	Bohoslužba pri príležitosti zasvätenia pláže a kúpaliska Muanskej sladkej vody
09/2009	Kazateľ na Spojenej izraelskej výprave r. 2009 s témou „Boh je veľký"
10/2009	27. výročie kostola a 4. výročie GCN
11/2009	6. Medzinárodná kresťanská lekárska konferencia WCDN v Kyjeve, na Ukrajine 02/2010 Účasť na 67. Zjazde a NRB
03/2010	Účasť na 11. Zjazde a exhibícii FICAP
05/2010	7. Medzinárodná kresťanská lekárska konferencia WCDN v Ríme, Taliansku
07/2010	4. Tábor „Posolstvo kríža" vo Fínsku

O autorovi:
Dr. Jaerock Lee

Dr. Jaerock Lee sa narodil v Muane, provincii Čollanam, v Kórejskej republike, v roku 1943. Vo svojich dvadsiatych rokoch Dr. Lee trpel 7 rokov rôznymi nevyliečiteľnými chorobami a očakával smrť bez nádeje na uzdravenie. Jedného dňa, na jar roku 1974, ho však jeho sestra priviedla do kostola a keď si kľakol k modlitbe, živý Boh ho okamžite vyliečil zo všetkých jeho ochorení.

Od chvíle, keď sa Dr. Lee stretol so živým Bohom cez túto úžasnú skúsenosť, miloval Boha úprimne z celého svojho srdca a v roku 1978 bol povolaný za služobníka Božieho. Zápalisto sa modlil, aby mohol jasne porozumieť vôli Božej, dokonale ju naplniť a poslúchať Slovo Božie. V roku 1982 založil Centrálny kostol Manmin v Soule, Kórei, kde sa odohralo nespočetné množstvo Božích zázrakov, vrátane zázračných uzdravení a divov.

V roku 1986 bol Dr. Lee vysvätený za pastora na výročnom zhromaždení Kórejskej sungkyulskej cirkvi Ježišovej a o štyri roky neskôr, v roku 1990, sa jeho kázne začali vysielať do Austrálie, Ruska, Filipín a mnohých ďalších krajín prostredníctvom Televíznej spoločnosti ďalekého východu, Ázijskej vysielacej stanice a Washingtonského kresťanského rádia (WCRS).

O tri roky neskôr, v roku 1993, bol Centrálny kostol Manmin časopisom *Christian World* (US) zvolený za jeden z 50 top kostolov sveta a Dr. Lee získal čestný doktorát božskosti z Kresťanskej vysokej školy viery vo Floride, USA a v roku 1996 titul Ph.D. z Kingswayského teologického seminára v Iowe, USA.

Od roku 1993 Dr. Lee viedol svetovú misiu prostredníctvom mnohých zámorských výprav v Tanzánii, Argentíne, L. A., Baltimore, na Havaji a v americkom New Yorku, v Ugande, Japonsku, Pakistane, Keni, na Filipínach, Hondurase, v Indii, Rusku, Nemecku, Peru, Demokratickej republike Kongo a Izraeli. Jeho výpravu v Ugande vysielala CNN a na izraelskej výprave, ktorá sa konala v ICC v Jeruzaleme, vyhlásil Ježiša Krista za Mesiáša. V roku 2002 ho hlavné kresťanské noviny v Kórei nazvali „pastorom sveta", kvôli jeho činnosti na rôznych zámorských Veľkých zjednotených výpravách.

Od Septembra 2013 je Centrálny kostol Manmin kongregáciou s viac ako 120 000 členmi. Po celom svete sa nachádza 10 000 domácich a filiálnych kostolov, vrátane 56 domácich filiálnych kostolov v najväčších mestách Kórei a doteraz bolo zriadených viac ako 123 misií v 23 krajinách sveta, vrátane Spojených Štátov, Ruska, Nemecka, Kanady, Japonska, Číny, Francúzska, Indie, Keni a mnohých ďalších.

K dátumu vydania tejto knihy napísal Dr. Lee 88 kníh, vrátane bestsellerov *Ako Chutí Večný Život pred Smrťou*, *Môj Život*, *Moja Viera I a II*, *Posolstvo Kríža*, *Miera Viery*, *Nebo I a II*, *Peklo*, a *Božia Moc*. Jeho diela boli preložené do viac ako 76 jazykov.

Jeho kresťanské články sa objavujú v *The Hankook Ilbo*, *The JoongAng Daily*, *The Chosun Ilbo*, *The Dong-A Ilbo*, *The Munhwa Ilbo*, *The Seoul Shinmun*, *The Kyunghyang Shinmun*, *The Korea Economic Daily*, *The Korea Herald*, *The Shisa News*, a *The Christian Press*.

Dr. Lee je v súčasnosti vodcom mnohých misijných organizácií a asociácií. Je predsedom Zjednotenej cirkvi svätosti Ježiša Krista, prezidentom Manminskej svetovej misie, trvalým prezidentom Misijnej organizácie pre obnovenie svetového kresťanstva, zakladateľom a predsedom rady Globálnej kresťanskej siete (GCN), zakladateľom a predsedom rady Svetovej siete kresťanských lekárov (WCDN) a zakladateľom a predsedom rady Manminského medzinárodného seminára (MIS).

Nebo I a II

Detailný náčrt úžasného života, ktorý si vychutnávajú nebeskí obyvatelia a krásny opis rôznych úrovní nebeských kráľovstiev.

Posolstvo Kríža

Mocné buditeľské posolstvo pre všetkých ľudí, ktorí duchovne spia! V tejto knihe nájdete vysvetlenie, prečo je Ježiš jediným Spasiteľom a pravou Božou láskou.

Peklo

Úprimné posolstvo celému ľudstvu od Boha, ktorý si nežela, aby čo len jedna duša upadla do hlbín pekla! Objavíte krutú realitu nižšieho záhrobia a pekla tak, ako ešte nikdy nebola odhalená.

Môj Život, Moja Viera I

Najvoňavejšia duchovná aróma získaná zo života, ktorý kvitol neporovnateľnou láskou k Bohu, uprostred temných vín, studených okovov a najhlbšieho zúfalstva.

Miera Viery

Aký príbytok, koruna a odmeny sú pre vás pripravené v nebi? Táto kniha poskytuje múdrosť a vedenie pre zmeranie vašej viery a pre vypestovanie si najlepšej a najvyzretejšej viery.